Perdiéndome en Dios

Cómo Dejar que Jesús te Enamore, Sane y Satisfaga

Janelle M. Andonie

Perdiéndome en Dios
Cómo Dejar que Jesús te Enamore, Sane y Satisfaga

Copyright © 2020 por Janelle M. Andonie

Publicado por Clay Bridges en Houston, TX
www.ClayBridgesPress.com

Todos los derechos reservados. Ninguna parte de esta publicación puede ser reproducida, almacenada en un sistema de recuperación o transmitida de ninguna forma por ningún medio electrónico, mecánico, fotocopiado, grabación o de otro modo, sin el consentimiento previo del publicador, excepto según lo dispuesto por los derechos de autor de EE. UU.

A menos que se indique lo contrario, todas las citas de las Escrituras están tomadas de la Santa Biblia, Nueva Versión Internacional®, NIV®. Copyright © 1973, 1978, 1984, 2011 de Bíblica, Inc.™ Usado con permiso de Zondervan. Todos los derechos reservados en todo el mundo. www.zondervan.com La "NIV" y la "Nueva Versión Internacional" son marcas comerciales registradas en la Oficina de Patentes y Marcas Registradas de Estados Unidos por Bíblica, Inc. ™

Las citas bíblicas marcadas (AMP) tomadas de Amplified® Bible (AMP), Copyright © 2015 de The Lockman Foundation. Usado con permiso. www.Lockman.org.

Las citas bíblicas marcadas (ESV) están tomadas de la ESV® Bible (The Holy Bible, English Standard Version®), copyright © 2001 de Crossway, un ministerio de publicaciones de Good News Publishers. Usado con permiso. Todos los derechos reservados.

Las citas bíblicas marcadas (NLT) están tomadas de la Santa Biblia, Nueva Traducción Viviente, Copyright © 1996, 2004, 2007, 2013, 2015 de Tyndale House Foundation. Usado con permiso de Tyndale House Publishers, Inc., Carol Stream, Illinois 60188. Todos los derechos reservados.

Traducción: Janelle Andonie
Edición: Alba Camacho Lugo

eISBN: 978-1-953300-34-8
ISBN: 978-1-953300-33-1

Ventas especiales: la mayoría de los títulos de Clay Bridges están disponibles con descuentos especiales por cantidad. También se pueden realizar impresiones o extractos personalizados para satisfacer necesidades especiales. Póngase en contacto con Clay Bridges en Info@ClayBridgesPress.com.

Quiero dedicar este libro a la mujer soltera con el deseo de casarse. A la mujer soltera que perdió la esperanza. A la mujer soltera que está cansada de correr al vacío. Para la mujer soltera que siente que no existen hombres buenos. A la mujer soltera que ha estado midiendo su identidad a través de la valoración externa, los rechazos y las rupturas. Para la mujer soltera que ha decidido terminar de perder el tiempo. A la mujer soltera lista para ser perseguida por el amor verdadero de Jesús. Estas páginas son inspiradas por Dios específicamente para ti. Llevan tu nombre. Amiga, Dios te ve y quiere que seas una con Él. No pierdas la esperanza. Simplemente ríndele todo. Deja que Él te encuentre. Él tiene agua de vida. Permite que Él escriba tu historia de amor.

Índice

Prólogo	1
Capítulo 1: Temporadas durante tu soltería	3
Capítulo 2: Aprende a escuchar de Dios	15
Capítulo 3: Haz de la oración una prioridad	25
Capítulo 4: Déjate enamorar por Jesús	29
Capítulo 5: Salud emocional	35
Capítulo 6: Salud física	51
Capítulo 7: Encuentra tu identidad y llamado	57
Capítulo 8: Pureza	69
Capítulo 9: El matrimonio	77
Capítulo 10: El esposo	81
Conclusión	87

Prólogo

–¿Me amas? –preguntó Dios –.
–Te amo, Dios –respondí–.
–Entonces escribe mi libro.

Llegué a mi casa y al escribir esta conversación en mi diario, pensé que sería genial recibir una confirmación de parte de Dios. Ya que publicar un libro es una tarea ardua y requiere de mucha dedicación. Al terminar de escribir me di cuenta de que tenía una nota del 28 de enero de 2019 que no había completado. *"¿Qué raro?"* –pensé. Miré el celular, y sí, allí estaba. Cuando la encontré, decía: *"Siento que Dios quiere que escriba un libro para mujeres solteras"*. ¡Vaya confirmación!

Quiero compartir sobre mi experiencia y lo que Dios me ha enseñado durante la soltería. Ya ves, yo imaginé formar un hogar a la edad de 24 años. Sin embargo, Dios conoce todo mejor que nosotras. Estoy segura de que si estás leyendo este libro, pensaste que estarías casada o con la expectativa de que pronto sucedería. Amiga, te animo a que seas una con el Espíritu Santo leyendo cada página de este libro y deja que Él remueva vendas de tus ojos, conceptos erróneos o mentiras que hayas creído. Permite que Él te ministre para que puedas recuperarte antes de involucrarte al matrimonio. Invítalo a tu vida y ve más profundo en tu relación con Jesús. Sana tus relaciones pasadas y establece nuevos estándares.

PERDIÉNDOME EN DIOS

Escribí este libro con verdades contundentes pero, a decir verdad, detrás de cada letra florece el amor y la sabiduría del cielo. Al final de cada capítulo toma un tiempo para preguntarle a Dios: "*¿Qué es para mí y en qué necesito trabajar?*" Sé intencional en tu relación con Dios. Este libro es una herramienta para llevarte al lugar que deseas pero, solo Dios puede llevarte ahí. Oro para que tus ojos sean abiertos a una nueva perspectiva de la temporada de soltería. Al terminar este libro, quiero que te des cuenta de que Jesús es el único que puede amarte con un amor radical. Si estás cimentada y firme en Él, no necesitarás de otra persona para ser feliz. Oro por tu camino y estoy segura de que si Dios ha puesto el deseo del matrimonio en ti, Él lo hará realidad. Agarra tu Biblia, un bolígrafo y un cuaderno, ¡y anímate!

¡Si quieres obtener las herramientas para convertirte en quien Dios te hizo y profundizar en los conceptos del libro, ve a mi página web www.janelleandonie.com o a mi cuenta de Instagram @living_setapart para obtener la guía de estudio!

CAPÍTULO 1

Temporadas durante tu soltería

He descubierto que hay diferentes temporadas durante la soltería: la temporada de espera, la temporada de escondite y la temporada de falsos prospectos. Es posible que no pases por todas y que las estaciones tengan un orden diferente. El camino suele ser diferente para cada una de nosotras. Mi propósito es animarte desde el lugar donde estás ahora y proveerte algunas herramientas para tus próximos pasos.

La temporada de espera
Caleb, uno de los espías que Moisés envió a explorar la Tierra Prometida antes de tomar posesión de ella, esperó fielmente con todo el corazón por 45 años para entrar en ella. ¿Cuántas de nosotras nos cansamos después de esperar un mes, un año o cinco años para que se cumplan las promesas de Dios? No me malinterpretes. Esperar es difícil. Pero, ¿y si la temporada de espera tuviera un propósito? Ya ves, a veces simplemente no estamos listos para recibir la promesa. He aprendido que Dios usa los periodos de espera para ayudar a fortalecer nuestro carácter y nuestra fe. A la misma vez suplir lo que necesitamos para manejar y cuidar sus hermosas promesas.

No te rindas. No te desanimes. Él te ve y está en la espera. Mientras tanto, acércate, continúa expectante a lo que quiere mostrarte o enseñarte, y disfruta del viaje. No tienes que esperar por un esposo para hacer las cosas que siempre has deseado, como viajar, comprar una casa o un automóvil, o mudarte de estado o país. Si Dios dice que te muevas muevas, pero te preocupa la idea de no conocer primero a tu futuro esposo en el lugar donde vives, créeme, no arruinarás los planes de Dios. Él conoce de antemano lo que sucederá. Creo que Dios tiene un tiempo indicado para todo. No hay nada que puedas hacer para adelantar o atrasar este plan. Permanece confiada porque las promesas que el Padre tiene para ti no fallarán. Lo que es para ti, nadie te lo puede quitar. Considera a Joshua y a los israelitas. Después de siete años de luchar por la Tierra Prometida, Dios cumplió su promesa y repartió a cada tribu (excepto a los Levitas) un pedazo de tierra.

> "No faltó una sola de todas las promesas que el Señor le había hecho a la casa de Israel. Todas ellas se cumplieron".
> —Josué 21:45 (RVC)

Veamos otro ejemplo en Números 23. Balac, el rey de los moabitas, intentó convencer al profe-ta Balaam para que profetizara en contra (maldijera) a Israel ya que el pueblo residía en sus llanuras. Amenazó con esto unas tres veces cambiando lugares, pero Balaam continuó bendicien-do a Israel porque Dios ya había ordenado la bendición del pueblo de Israel. Ves, Balaam estaba en sintonía con lo que Dios estaba diciendo. Cuando Balac le preguntó a Balaam qué le había dicho Dios, Balaam respondió:

> "Dios no es un simple mortal para que mienta o cambie de parecer. Si él habla, ciertamente actúa; si él dice algo, lo lleva a cabo".
> —Números 23:19 (RCV)

Lo que Dios ha prometido y designado, nadie lo puede frustrar. Pero, ¿cuántas de nosotras comenzamos a dudar de la soberanía de Dios? "Dios, sé que prometiste que me casaría, pero me estás diciendo que me abstenga de citas con chicos por 2 años. ¿Cómo va a pasar eso?" Amiga, si Dios dice que te abstengas de conocer a chicos en persona o en línea, su promesa anterior de que te casarás sigue en pie siempre que camines en obediencia. Su Palabra dice que la obediencia es mejor que el sacrificio (*1 Samuel 15:22*). Y sí, sé que la obediencia es difícil, pero si fuera fácil, todos lo harían. Debes recordar que "No" eres todo el mundo. Fuiste creada con un propósito, y si mueres a ti misma, te rindes al Espíritu Santo y lo sigues, tomarás las decisiones correctas. Medita en los versículos a continuación y guárdalos en tu corazón para que puedas animarte con respecto a la soberanía y fidelidad de Dios.

> *"Tú, Señor y Dios, eres Dios, y tus promesas a este siervo tuyo son verdaderas".*
>
> —2 Samuel 7:28 (RVC)

> *"Bendito sea el Señor, que le ha dado paz a su pueblo Israel, conforme a su promesa, sin dejar de cumplir ninguna de las promesas que le hizo a Moisés".*
>
> —2 Reyes 8:56 (RVC)

> *"Ciertamente, la palabra del Señor es recta; todo lo hace con fidelidad".*
>
> —Salmo 33:4 (RVC)

> *"Las palabras de Dios son todas puras; Dios es el escudo de quienes confían en él".*
>
> —Proverbios 30:5 (RVC)

> *"Sí, la hierba se seca, y la flor se marchita, pero la palabra de nuestro Dios permanece para siempre".*
>
> —Isaiah 40:8 (RVC)

> *"El cielo y la tierra pasarán, pero mis palabras no pasarán".*
> —Mateo 24:35 (RVC)

> *"¡Para Dios no hay nada imposible!"*
> —Lucas 1:35 (RVC)

> *"Si somos infieles, él permanece fiel; Él no puede negarse a sí mismo".*
> —2 Timoteo 2:13 (RVC)

La temporada de escondite

Otra temporada durante la soltería es la temporada de escondite. Cuando yo estaba en la universidad ningún chico me invitó a salir. Admito que tuve la misión de graduarme con un GPA de 4.0, por lo que la biblioteca y el dormitorio se convirtieron en mi lugar de estar. Pero el hecho es que no estaba preparada para entablar una relación. Incluso, después de graduarme y mudarme a Dallas para mi programa de maestría, rara vez me invitaron a una cita el primero y segundo año.

Si no te invitan a salir, no significa que tengas defectos o que algo anda mal contigo. La Biblia dice en *Eclesiastés 3:1* que hay una temporada y un tiempo para todo. Cuando estás en temporada de escondite, es hora de eliminar las mentiras del enemigo y plantar la Palabra de Dios en tu corazón para que puedas cosechar a su debido tiempo. Puede que durante esta temporada hayan heridas a sanar de una relación pasada. Por ejemplo, si todavía no has sanado las heridas de un novio anterior o de tu padre, ¿cómo puedes considerar a alguien para el matrimonio? En ese momento, tu mentalidad sobre las relaciones y el matrimonio no son saludables. No tienes un modelo a seguir saludable de cómo deberían ser las relaciones de pareja. ¡Qué amoroso es Dios que hace una pausa en la etapa de citas para que puedas prevenir heridas futuras! Él quiere que sean uno para sanar esas heridas y convertirte en una versión más saludable de ti misma.

TEMPORADAS DURANTE TU SOLTERÍA

Otra razón por la cual te encuentras de paso en esta temporada es porque tu identidad está plantada en las mentiras de este mundo. Si tu identidad no está 100 por ciento fundamentada en Jesús, no estás parada sobre una base firme. No has descubierto tu verdadero valor. No has tenido una revelación de la realeza que portas. En cambio, eres inestable y fácil de mover. Si entras en una relación, probablemente terminarás comprometiendo tu valor verdadero. Estarías más preocupada por complacer a esa persona o de cierta manera, impresionar en vez de evaluar si tiene los atributos adecuados para ti.

Piensa en esto. ¿Estás basando tu valor en lo que la gente piensa o dice de ti? ¿Estás basando tu valor en lo hermosa que te ves en una cita? ¿Estás basando tu valor en lo que haces para ganarte la vida? ¿Tus logros? ¿Todos tus títulos? Si tu identidad y valor no vienen de arriba, no tendrás una relación o matrimonio exitoso.

No tomes el control de las estaciones y reconoce que tienes un buen padre que se preocupa por ti. Créeme, he estado allí. Soy una persona organizada que siempre tiene un plan y le encanta controlar el entorno. Dios tuvo que sacudirme una vez sobre mi tiempo comparado al Suyo. Él me dijo: "Renunciar al control sobre un deseo no significa que no suceda o que pierdas la esperanza. Significa dejar ir tus expectativas para que puedas recibir algo más grande". ¿Esto significa algo bueno? Quiere que dejemos de lado lo que pensamos que debería suceder y cómo debería suceder para que Él pueda hacer algo más grande a su debido tiempo. Saquémoslo de la caja, o mejor aún, eliminemos la caja. Amiga, mantener tus ojos en Jesús te dará lo que necesitas en el momento adecuado.

"Todos fijan en ti su mirada,
  y tú les das su comida a su tiempo.
Cuando abres tus manos,
  colmas de bendiciones a todos los seres vivos".
—Salmo 145:15-16 (RVC)

Esta es la temporada perfecta para acercarte más a Dios y conocerlo íntimamente. No es una temporada de quejas por no recibir invitaciones a citas o cuánto tiempo está tomando la soltería. No seas como los israelitas que sostuvieron su queja luego de presenciar la mano poderosa de Dios y su bondad una y otra vez. Ya ves, cuando te quejas, dudas de la bondad de Dios en tu vida. No sé tú, pero nunca quiero que me encuentren dudando de la bondad o las intenciones de mi Padre hacia mí. La duda es la manifestación de la falta de fe. Claramente, la Biblia declara que no agrada a Dios.

La temporada de falsos prospectos

Si no estás en la temporada de escondite, probablemente estés en la temporada de prospectos falsos. En esta temporada, encontrarás bastantes chicos que parecen buenos prospectos, pero, cuando acercas el lente, sabes que no son los adecuados. Seguramente, asisten a la iglesia, cargan su Biblia y adoren. Al abandonar el edificio, viven una vida diferente.

Algunos prospectos falsos son fáciles de detectar. Por ejemplo, si un chico no es creyente, sigue siendo una decepción aunque haga todo bien. Una vez un chico del complejo de apartamentos donde vivo se acercó a mí y me dijo: "Eres hermosa. Siempre te veo por aquí. ¿Puedo tener tu número?" Intercambiamos mensajes de texto por un periodo corto de tiempo y me dijo que me hablaría cuando volviera de viaje. Sentí que no quería nada en serio y yo había decidido que él no cumplía con las características que buscaba. Aun así, mis amigas me aconsejaron que lo intentara, ya que mi razonamiento no era lógico. Después de regresar, continuaba siendo confuso y no tomó iniciativa para vernos. Cuando me agregó en las redes sociales hice lo que cualquier chica cristiana hubiera hecho. Miré sus amigos para ver si seguía predicadores cristianos. La respuesta no coincidía con mi instinto inicial. En cambio, era amigo virtual de chicas que mostraban más de lo debido.

Después de tres semanas quiso hacer planes para vernos. ¿A que no sabes qué decía el texto? "Avísame en tu día libre. Puedo llevar una botella de vino a tu apartamento". Mi reacción: ¡HUIR! Lección número uno, ningún hombre de Dios que toma en serio conocerte se invita solo a tu apartamento con una botella de vino. Eso grita malas intenciones por todas partes. Apenas nos conocíamos. La lección número dos, amigas, es seguir la dirección del Espíritu Santo. Es importante distinguir entre decisiones emocionales y las inquietudes del Espíritu Santo. La mayoría de las veces cuando el Espíritu Santo habla no guarda relación con nuestra forma de pensar o situación actual. Por ejemplo, este chico era educado, gozaba de un trabajo, era guapo y carismático. Sin más, el Espíritu Santo dijo que no. A pesar de que el mundo hubiese gritado que sí. La tercera lección es asegurarse de no creer todo lo que un hombre dice. Solo porque luzca impecable en todo lo que habla, no significa que sea íntegro cuando nadie lo ve. Prueba si sus acciones dicen lo mismo que sus palabras.

¿Qué sucedió? Permanecía esa inquietud del Espíritu Santo. Sabía que tenía la tarea de escribir este libro y empoderar a las mujeres. Al principio lo veía difícil. Trabajo a tiempo completo, oportunidades para servir en la iglesia, mantener al día mi salud y amistades. ¿Por qué agregar una distracción a mi vida al comprometerme en una relación vacía? Terminé enviándole un mensaje de texto con la verdad: "Gracias por la oferta pero, no creo que estemos buscando lo mismo". No me malinterpretes. No digo que no puedas ser amigable y mostrar el amor de Cristo pero, ¿por qué salir con un chico cuando sabes que no tienen el mismo enfoque? Escucha lo que dice el apóstol Pablo:

> *"No os unáis en yugo desigual con los incrédulos; porque ¿qué compañerismo tiene la justicia con la injusticia? ¿Y qué comunión la luz con las tinieblas?"*
> —2 Corintios 6:14 (RVC)

Sansón estuvo en una situación similar. Básicamente, enseñó la clase *"Dating Gone Wrong 101"*. Sansón era un nazareo a quien Dios bendijo con fuerza sobrenatural para ayudar a liberar a Israel de los filisteos. Aunque tenía el potencial de ser usado grandemente por Dios, eligió dejarse llevar por la sensualidad y usó su don imprudentemente. Eligió casarse con una mujer filistea que no compartía sus mismas creencias. A pesar de esto la eligió fijándose en su apariencia.

> *"Pero ellos le respondieron: ¿Y acaso ya no hay mujeres entre las hijas de tus parientes, ni en todo nuestro pueblo, para que vayas y tomes por mujer una filistea, hija de incircuncisos? Y Sansón respondió: Pidan por mí a esa mujer, porque es la que me gusta".*
> —Jueces 14:3 (RVC)

¡Vaya! Sansón permitió que sus ojos eligieran a su novia. Siendo honesta, ¿cuántas de nosotras intentamos hacer lo mismo? Dejamos que nuestros ojos y hormonas escojan al hombre con el que pasaremos el resto de nuestras vidas. Dejamos que nuestros ojos decidan quién se vinculará con nosotras en este pacto llamado matrimonio para compartir la vida y servir. Vemos a un chico no cristiano y todavía creemos que podemos hacerlo funcionar. Pensamos: "Fácilmente puedo hacer que él visite la iglesia conmigo". Claramente, ¿qué dice la Palabra de Dios acerca de permitir que nuestros ojos tomen decisiones?

> *"La belleza es engañosa, y hueca la hermosura, pero la mujer que teme al Señor será alabada".*
> —Proverbios 31:30 (RVC)

Este versículo también es aplicable para los hombres. Solo porque un chico es atractivo no califica como un posible candidato. No hay nada de malo en casarse con alguien que te atrae pero la apariencia no debería ser el factor decisivo. Detente a pensar por un momento. Si quieres que tu matrimonio perdure debe estar construido sobre la roca firme que es Jesucristo. Si construyes tu matrimonio sobre una base inestable como belleza y encanto, tu matrimonio temblará y se derrumbará. Amiga, Dios es un Padre amoroso. Si tal detalle está plasmado con lápiz de oro en Su libro de instrucciones es porque Él te ama y conoce lo mejor para ti.

Es crucial que tu esposo tenga una relación genuina con el Dios Altísimo. Piensa en una persona que amas, como por ejemplo, tu mamá. Qué pasaría si a tu esposo no le agrada tu mamá y no puedes ni mencionar su nombre en presencia de tu compañero. ¡Qué difícil! Esto es un vistazo de lo difícil que sería una relación con un incrédulo. Imagina qué duro sería una relación en donde no puedas expresar libremente cuánto amas a Dios, cómo te ha ayudado Dios o acerca de tu comunión con Él. Si El Señor se ha convertido en tu sustento, no hay forma de que puedas estar con alguien que no lo conozca.

Es posible que preguntes: "¿Qué pasa si este chico ama al Señor?" Ahí se pone un poco complicado. Este chico puede ser un creyente fuerte y sostener una relación con Dios pero, si no fluye fácilmente, lo sabrás. ¿Qué quiero decir con "fluir fácilmente"? Significa que no puedes tener una conversación con él. Hay desacuerdos constantemente. No se divierten. No se disfruta de la compañía. No tienen valores similares o una dirección clara de hacia dónde va su plan de vida. Amiga, si solo te atrae y no tienes una amistad como base, toma tiempo para explorar si te diviertes con él y si es posible una amistad. Si aparenta perfección y existe algo por lo que no sientes paz, presta atención. Hazte las preguntas difíciles. ¿Por qué no siento paz? ¿Es una inquietud del Espíritu Santo o son emociones? ¿Puedo aceptarlo con ciertos defectos que no van acorde con mis valores?

Esta situación es parte de una experiencia personal. Conocí a un chico que parecía el perfecto. Amaba a Dios, admiraba mi belleza interior y aparentaba una vida rendida para el Señor. Habló de cómo abandonó todo por seguir a Jesús y su proceso de mudarse a la ciudad de Dallas. Parecía tener un plan con su vida en orden. Inclusive, hizo varias insinuaciones describiendo a su esposa ideal. Me sorprendió un poco que fuera tan directo y seguro. Estaba emocionada y atraída por él y su relación con Jesús.

Al mismo tiempo en medio de la situación sentía miedo, inseguridad y confusión. Percibía que era demasiado bueno para ser verdad. Por un momento pensé que yo no había escuchado o recibido respuesta de Dios, pues, este chico creía *con seguridad* que yo era su esposa conforme a las descripciones de su persona ideal. Al final, no guardaba paz en mi corazón. La inquietud del Espíritu Santo continuó y decidí terminar la relación. No poseía alguna razón válida ante sus ojos aparte de que no veía correcto continuar. Más tarde descubrí que invitó a salir a varias chicas y se estaba alejando de los grupos en comunidad de la iglesia que ayudan a los miembros a responsabilizarse de sus acciones. Amiga, el Espíritu Santo es tu mejor Consejero. Aun cuando otros a tu alrededor cuestionan tus decisiones y comienzan a acusarte de ser demasiado exigente, mantén tu decisión y espera en el Señor. Sus planes para ti son buenos. ¿Crees en sus palabras?

Llegas a un punto de la vida en que te cansas de las decepciones y solo buscas algo genuino. Créeme, he estado allí. El chico que solo quiere acercamiento físico; el chico que se invita a tu casa con una botella de vino; el chico que está seguro de que tú serás su esposa; el chico que no está seguro de ti; el chico que envía desnudos por mensajes. ¡La lista continúa! ¿Qué tienen todos ellos en común? No van detrás de tu corazón. No son reales. Y no están ahí para conocerte de una manera sincera ni para amarte fielmente. Están siendo guiados por su emociones pasajeras. Amiga, tú no tienes tiempo para chicos inmaduros. No tienes tiempo de discutir por qué tu novio no quiere ir a la iglesia; por qué le está enviando mensajes de texto a otras mujeres; por qué está viendo las fotos de otras en las redes sociales. Si buscas matrimonio, espero que tengas una visión más amplia que la de un hombre que se compromete a una relación a medias. El matrimonio es un reflejo de cómo Dios ama a la iglesia. Se trata de unificar dones y tener la misión de salir, servir a las personas, y dar a conocer a Jesús. Ya sea en tu trabajo, en el campo misionero o al criar a tus hijos como una madre que se queda en casa.

Has sido comprada con un precio alto y eres realeza ante los ojos de Dios. Eres digna de un hombre que te ame y respete. Eres digna de un hombre que te ame como Dios ama a la iglesia y que somete su vida a grandes desafíos por la Palabra de Dios. Un hombre que tiene una visión y una misión en su vida y puede dirigir el camino del matrimonio. Un hombre que realmente trabaja, tiene ingresos y puede aportar financieramente. No estoy diciendo que él deba ser el único proveedor de ingresos de sustento familiar. Quiero decir que al menos disponga de un trabajo o estudie para lograr sus metas.

Te animo a que te abstengas de salir con un chico por aburrimiento o soledad. Nada bueno saldrá en el intento. En cambio, cuida tu salud emocional y física, así como crees en la visión para tu propósito de vida. Discutiremos estos temas en los próximos capítulos.

Oración final

Dios, gracias por amarme tanto que hasta ordenas mis estaciones y temporadas. Gracias por darme exactamente lo que necesito en esta temporada. Oro para que me des la fuerza y sabiduría para aprender y comprender todo lo que tienes para mí en este capítulo de mi vida. No me dejes desperdiciar una temporada deseando estar en la próxima. Calmo mi alma y elijo vivir en el presente y en Tu línea de tiempo. Mientras estás conmigo puedo deleitarme donde sea que me encuentre. Amén.

CAPÍTULO 2

Aprende a escuchar de Dios

Aprender cómo escuchar al Padre es uno de mis temas favoritos. Solía dudar de mi capacidad para escuchar a Dios, por la simple razón de que nunca me había hablado de manera audible. Si estás en el mismo lugar, te animo a confiar. Dios anhela hablar contigo. Él anhela consolarte en medio del dolor. Él anhela decirte la verdad cuando las mentiras consumen tus pensamientos. Anhela mostrarte tu valor cuando sientes que no eres suficiente. Y le encanta guiarte cuando desconoces tu próximo paso.

Descubrí que Dios habla a cada persona de diferentes maneras. Repasemos algunos de los métodos más conocidos que Dios utiliza para comunicarse con nosotras.

1. Voz audible

Hablar en voz audible era la forma más común de Dios para comunicarse con personas en los días de la Biblia. Conocemos cómo Dios le habló audiblemente a Abraham, Moisés y a Saulo de Tarso (más tarde Pablo). La parte alucinante de la historia de Saulo es que odiaba a Dios y tenía la misión de matar a los creyentes. En cambio, Dios le habló. Saulo también mostró, luego de su encuentro con Jesús, la misericordia y el amor de Dios por los incrédulos. De hecho, si estás evitando a Dios, Él irá a tu encuentro. De repente Dios transformó a Saulo en Pablo. Redimiendo su historia en una vida nueva. Dios lo usó poderosamente, convirtiéndose en el escritor de las trece epístolas del Nuevo Testamento. Verás, la voz de Dios está tan llena de amor, verdad, y gracia que si la escuchas, no puedes negar Su deidad y soberanía. Hoy día no es tan frecuente escuchar la voz audible del Padre, más no significa que no pueda suceder.

2. Ángeles y visitaciones

Dios también puede hablar a través de ángeles y visitaciones. María fue visitada por el ángel Gabriel trayendo noticias del cielo acerca de su hijo Jesús concebido por el Espíritu Santo. En aquellos días, las visitas de ángeles eran normales, pero ahora, las visitaciones serían un susto para la mayoría en nuestra generación. Si pensamos mejor, ¿cuánta fe ejercemos en creer en Dios aunque no hayamos experimentado encuentros? No te decepciones ni creas que hay algo mal contigo si no has recibido una visitación. Dios mismo nos dice en la Biblia que *"Bienaventurados los que no vieron y creyeron" (Juan 20:29 RVC)*.

3. La Biblia

La Biblia es la fuente más confiable por la cual Dios habla, pero a menudo no le damos la importancia que requiere. Cuando buscamos dirección o respuesta, primero acudimos a un amigo, familiar o figuras de autoridad. No hay nada de malo en recurrir a ellos por ayuda pero, el deseo en corazón de Abba es que sea el primero en consultar. ¿Por qué preguntas a una amiga que tiene sus prioridades desviadas y no está viviendo una vida que te gustaría emular? ¿Por qué no ir a un libro inspirado por Dios? Amiga, Dios habló y sus siervos escribieron—así es como la Biblia fue escrita. Así que léela como si Dios estuviera hablando personalmente. Es un trato especial para ti y para mí. Cuando la lees Dios sabe exactamente lo que necesitas ese día y es fiel para resaltarlo. La Biblia misma declara cómo la Palabra de Dios es *"viva y eficaz"* (*Hebreos 4:12 RVC*). ¿Qué quiere decir Dios? Él quiere decir que cada vez que lees la Biblia, incluso si estás leyendo el mismo versículo, obtendrás una nueva revelación. ¿Por qué? Porque la Palabra es Dios, y Dios siempre está hablando. Él es intencional.

> *"La palabra de Dios es viva y eficaz, y más cortante que las espadas de dos filos, pues penetra hasta partir el alma y el espíritu, las coyunturas y los tuétanos, y discierne los pensamientos y las intenciones del corazón".*
> —Hebreos 4:12 RVC

La Palabra de Dios purifica. Dios utiliza su Palabra para corregirnos de una manera amorosa y parecernos más a Él.

En el Nuevo Testamento, Dios también habló a través de su Hijo Jesús, quien a menudo hablaba en parábolas. Las parábolas son historias sencillas con una lección moral. No obstante, el significado de algunas parábolas puede ser difícil de entender. ¿Por qué será? Dios quiere que estemos plenamente comprometidos. Quiere una relación con nosotros. Él está lleno de misterios y secretos. Por ende, no se revela a sí mismo de manera acelerada. Tienes que buscar los tesoros en intimidad. Pasar tiempo a solas en intimidad. Así que al leer la Biblia, sé intencional. Busca patrones, palabras repetidas y del mismo modo, el origen de las palabras. No te desanimes si al principio no puedes entender una historia. Intenta cambiar las traducciones. Utiliza diccionarios o concordancias. También pídele a Dios espíritu de sabiduría y revelación. Él será fiel para revelarte sus misterios. Su Palabra dice que si buscamos, lo encontramos, y si tocamos, Él responderá. Se intencional y ten expectativa.

4. Pensamientos

Dios también habla susurrando pensamientos o ideas a tu mente. Pero, ten cuidado. Es importante examinar cada pensamiento con la Palabra de Dios. ¿Se alinea la idea con las escrituras? ¿Se basa en miedos o emociones? Si no se alinea con la Palabra de Dios, no es de Él, y es importante alinear ese pensamiento con Cristo. La Biblia nos enseña cómo hacerlo.

> *"...y de desbaratar argumentos y toda altivez que se levanta contra el conocimiento de Dios, y de llevar cautivo todo pensamiento a la obediencia a Cristo".*
> —2 Corintios 10:5 (RVC)

Tienes la autoridad para derribar cualquier pensamiento y ponerlo bajo los pies de Cristo. El hecho de que tengas un pensamiento no significa que sea cierto. Por eso es importante renovar tu mente todos los días al plantar la Palabra de Dios en tu corazón. Cuando Dios pone un pensamiento en tu cabeza, se alinea con las Escrituras y es vivificante. Llega para edificarte, consolarte o exhortarte en amor.

Dios a menudo me habla de esta manera y en una ocasión me regaló una palabra para una compañera de trabajo. La observaba mientras ella traducía lo que yo le decía a uno de los padres de mis pacientes. De repente escuché en mi mente "Ella tiene mucho favor". Después de terminar nuestro trabajo, le dije lo que había escuchado, y ella compartió que esperaba una beca para continuar sus estudios. Después de escuchar lo que le dijo, se sintió mucho más segura de que Dios abriría el camino. Al día siguiente, me comentó que una persona había donado el dinero completo para el pago de su matrícula. ¡Gracias Jesús!

Algunas de ustedes se preguntarán, ¿cómo supe que estaba escuchando a Dios? Primero que todo, yo no estaba pensando en nada cuando el pensamiento saltó en mi cabeza. Por lo general, así es como sé que Dios está hablando. En segundo lugar, nunca hubiera tenido ese pensamiento por mi cuenta. Tercero, la idea se alinea con las Escrituras—mientras caminamos correctamente con

Dios, Él nos viste de favor. Luego de poner a prueba el pensamiento, supe que Dios habló para consolar a su hija.

Dios también ha puesto versículos de la Biblia en mi mente. Por ejemplo, una vez en la universidad, estresada e insegura por las respuestas que seleccioné en el examen de laboratorio que acababa de tomar, de camino al estacionamiento burbujeó el siguiente versículo a mi mente:

> "*Tú, Señor, cumplirás en mí tus planes; tu misericordia, Señor, permanece para siempre. Yo soy creación tuya. ¡No me desampares!*"

No había estado pensando en ese verso pero, era exactamente lo que necesitaba. Dios me estaba diciendo: "Deja de preocuparte, yo tengo control". Situaciones como estas son la razón por la que es crucial leer la Biblia y guardar versículos en tu mente y corazón. Si no están plantados en tu corazón, ¿cómo Dios te los recordará?

5. Canciones y programas de televisión

Dios también puede hablar a través de situaciones seculares. Amigos a menudo me han contado historias donde reciben respuesta de Dios a través de programas de televisión o la trama de una película. En la tranquilidad de mi auto he escuchado canciones que describen exactamente lo que me sucede. Dios puede usar cualquier momento para recordarnos que nos ve y que sabe exactamente todo lo que atravesamos.

6. Sueños

Dios también puede comunicarse a través de los sueños. Vemos esto en la historia de José cuando Dios lo bendijo con sueños y la habilidad de interpretarlos. Para ayudar a recordar tus sueños, deja un papel al lado de tu cama para que escribas tan pronto despiertes. Luego pregúntale a Dios qué significa el sueño. A veces los sueños son bastante sencillos y otros tienen que ser descifrados. Yo trabajo como dietista y una vez tuve un sueño sobre una agresión sexual en la casa de un paciente. Al día siguiente, fui a la oficina y una de mis compañeras de trabajo mencionó que existía la posibilidad del uso de drogas en la casa del paciente. Algunas de las áreas a las que voy no son las más seguras, y lo tomé como una advertencia de Dios para orar antes de llegar a esa casa. En mi próxima visita la paciente me llevó a lo que parecía un pequeño sótano donde vivían ella y sus dos hijos. Afortunadamente, seguí esa inquietud del Espíritu Santo y oré, y Dios me protegió. Verás, Dios usa los sueños para advertirnos o informarnos de lo que vendrá. Si rara vez sueñas, pídele a Dios que comience a hablarte en sueños. Él es fiel.

7. Otras personas

Dios también usa el cuerpo de Cristo para hablarnos. Ya sea en palabras de conocimiento, sabiduría o profecía. Una palabra de conocimiento es aquella que solamente Dios y tú conocen en secreto y el Espíritu Santo se la revela a alguien más. Algunos ejemplos son tu nombre, dirección o situación específica por la que estás pasando. Una palabra de sabiduría es cuando una persona te dice cómo lidiar con una situación. Finalmente, una palabra profética es aquella que habla sobre el futuro y se da para consolar, exhortar o edificar. Un ejemplo de esto es el momento en que alguien me profetizó un auto nuevo en el otoño de 2018, y en enero de 2019, tenía un auto nuevo. Es importante corroborar siempre las palabras proféticas con las Escrituras para ver si la idea se alinea con la Palabra. También es bueno guardar las palabras proféticas y seguir meditando en ellas. Algunas de estas palabras no se cumplen de un día para otro. Dios tiene su propio tiempo.

Un gran ejemplo de cuando Dios me dio una palabra de conocimiento para alguien fue cuando estaba en un servicio de oración y adoración en mi iglesia. Durante el servicio, vi a una mujer adorar apasionadamente, y un pensamiento me vino a la mente: "Su nombre es _____, y tiene un hijo pródigo". El pensamiento me tomó por sorpresa porque no la conocía. Esperé hasta que terminó el servicio y luego me acerqué a ella para compartir lo que Dios me había mostrado. Ella se conmovió y afirmó lo que dije. Al final de nuestra conversación, pude orar por ella y animarla a que creyera que su hijo llegaría a los pies de Cristo. Amiga, cuanto más compartas la voz de Dios más Él hablará. Sé fiel en las pequeñas cosas para que El te recompense con más.

¿Y los sentimientos?

A veces podemos pensar que nuestros sentimientos indican lo que Dios está diciendo. La verdad es que los sentimientos pueden ser engañosos pero, creo que Dios puede hablar a través de una sensación de paz. Mi recomendación es siempre cuestionar tus sentimientos. Por ejemplo, a veces podemos tener miedo de tomar una decisión, así que, naturalmente, no sentimos paz. No porque sientas miedo significa que la decisión sea contraria a la voluntad de Dios. La mayoría de las veces Dios nos llama a hacer cosas fuera de nuestra zona de comodidad, fuerza y habilidad. El hecho de que sea difícil no es sinónimo de que no sea Dios. Su Palabra dice que él es fuerte en nuestra debilidad (*2 Corintios 12:10*). Si tomar una decisión te causa temor pero, crees que el mismo Espíritu extiende una invitación para que realices aquello que el Padre desea, pregunta por qué y profundiza. Por ejemplo, yo sentí que Dios me invitó a escribir. Sentí paz con la decisión pero, también me sentí indecisa y asustada. Me pregunté quién leería el libro. ¿Por qué? Primero, nunca he sido buena en la escritura. Verás, el inglés es mi segundo idioma, así que a veces es difícil organizar pensamientos de forma articulada y no redundante. En segundo lugar, no soy una autora reconocida, nunca he estado en una relación, y las verdades que planeaba compartir en este libro no son de acuerdo al estándar de este mundo. En cambio, para mí son una forma de vivir apartada (consagrada) para Dios en el proceso de conocer gente en citas. A pesar de que dudé y no me veía calificada, comencé a escribir en fe. Dejé a un lado los bajos estándares creados en mi mente e hice lo que Dios me envió a hacer. ¿Por qué? Porque es Dios quien me capacita. Y he aprendido que esta vida no se trata de mí, sino, de traer gloria a Dios al permitirle usar mi historia como inspiración a otras mujeres.

Otro ejemplo. Quise servir en el ministerio de profecía de mi iglesia y a causa del temor lo pospuse alrededor de dos años. Oré y descubrí la mentira. No confiaba lo suficiente como para creer que Dios me hablaría su palabra. El enemigo atentará con mentiras y temores en tu mente para evitar que cumplas el llamado hermoso que el cielo ha dispuesto. Es tu responsabilidad examinar tus sentimientos, exponer la verdad y dar un paso de fe.

No estoy diciendo que nuestros sentimientos sean malos. Dios los creó. Pero, si permites que gobiernen tus decisiones pueden volverse peligrosos. Somos llamadas a vivir por el Espíritu y no por nuestros sentimientos. Entonces, cuando sientas que Dios te está llamando para accionar y tus sentimientos no te obedecen, háblales. La Biblia dice que el poder de vida y la muerte residen en nuestra lengua. Dios nos ha dado el poder para demoler fortalezas y todo poder de las tinieblas. Cuando empiezas a hablarle a tus sentimientos y les declaras lo contrario de todo lo que sientes, tus sentimientos seguirán a tus palabras. Amiga, comienza a hablar la verdad hasta creerla.

Si apenas estás comenzando a conocer a Dios y a su voz, aquí algunos pasos para afinar tu oído a la voz de tu Padre Celestial:

- Pídele a Dios que te hable y ayude a estudiar cómo tiende a hablarte.
- Se intencional al hacer preguntas. Una forma sencilla de hacerlo es tomar un cuaderno, anotar preguntas y escribir lo que Dios te está diciendo.
- Da un paso de fe pidiendo a Dios que te dé una palabra para alguien más. Sé que esto suena aterrador más Dios es fiel cuando caminas en fe. He descubierto que Dios solo me da

una sola palabra para alguien y al compartirla, él descarga su significado mientras hablo. ¿Qué quiero decir con descarga? Quiero decir que Dios habla más sobre la situación, y llega a ministrar a esa persona de una manera más profunda. Compara cuando recibes un correo electrónico con un archivo adjunto. Al principio, solo puedes leer el nombre del archivo adjunto. Una vez presionas el botón para descargarlo puedes tener acceso al cuerpo completo de información. Si no eres obediente compartiendo lo pequeño, ¿cómo te mostrará Dios lo grande? Amiga, Dios quiere tu fe, y al revelar solo parte por parte, Él nos humilla y nos recuerda que él es el que debe ser alabado y no nosotros. Simplemente estamos escuchando. Ves, la Biblia dice que caminamos por fe y no por vista. Solo porque no tienes todo los detalles del mensaje completo significa que no deberías compartirlo. Él es fiel para esperarte fuera de tu barca mientras tomas pasos de fe y caminas sobre el agua con Él.

La Biblia dice: *"Las que son mis ovejas, oyen mi voz; y yo las conozco, y ellas me siguen" (Juan 10:27).* Ustedes son Sus ovejas, por lo que no tienen que esforzarse por escuchar Su voz. Si no has hecho de Jesús tu Señor y Salvador y te gustaría tener esta relación íntima con Él. Hoy es tu día. Él te ama y ahora mismo está disponible para ti. No tienes que vivir la vida en soledad. Él puede ser tu sanador, consejero, amigo, proveedor de fortaleza y mucho más. Si estás lista para comprometerte a Su Señorío y hacerlo tu Señor y Salvador, repite esta oración: "Dios, te acepto como mi Señor y Salvador. Vivir complaciendo mis deseos y caminar por mis propias fuerzas ha llegado a su fin. Espíritu Santo, te invito a mi vida. Toma todo el control". Si repetiste esta oración, felicitaciones y bienvenida a la familia. Lo mejor está por venir.

Ahora, repite la oración a continuación y luego hazle a Dios las preguntas que siguen, anotando lo que lo escuchas hablar sobre ti.

Oración final

Gracias Dios por enviar a tu Hijo a morir por mí. Gracias por permitirme entrar en Tu presencia con valentía y confianza. Gracias por permitirme tener una relación contigo, hablar contigo y escuchar de ti. Oro para que sea sensible a Tu voz y no me distraiga con voces extrañas. Declaro que soy tu oveja y escucho tu voz. La Palabra dice que todo lo que pida en oración, lo recibiré si tengo fe. Así que te agradezco por lo que ya estás haciendo. Amén.

- Dios, ¿qué estás hablando sobre mí?
- Dios, ¿qué es lo que más te gusta de mí?
- Dios, ¿qué libro de la Biblia quieres que estudie este mes?
- Dios, ¿cuál es el enfoque para esta temporada?

CAPÍTULO 3

Haz de la oración una prioridad

¿Qué es la oración?

Según el diccionario *Merriam-Webster*—la oración es un conjunto de deseos en dirección (como una petición) a Dios o un dios ya sean en palabra o pensamiento. Aunque estoy de acuerdo que la oración puede ser una petición, realmente creo que orar es tener una conversación con tu Padre. Puedes manifestarlo dando gracias, pidiendo ayuda, hablando con Él durante el día y orando en el Espíritu. La mayor parte de mi vida me sentí insegura de orar en voz alta porque no sabía utilizar las palabras "correctas". Al entablar una conversación con tu Padre no tienes que elaborar un discurso. Piensa en un niño. A medida que aprenden a hablar cortan las sílabas de algunas palabras. Cuando intentan hablar sus padres se emocionan mucho. Se regocijan porque su pequeño *se esfuerza por comunicarse* con ellos. Los padres no castigan a sus hijos por pronunciar mal las palabras o usar la gramática incorrecta. Mira *Mateo 6:7* Jesús nos enseña cómo orar. Él dijo: *"Cuando ustedes oren, no sea repetitivos, como los paganos, que piensan que por hablar mucho serán escuchados"*. Amiga, Él solo quiere una relación contigo.

Es importante que tengas fe cuando oras. La Biblia nos dice que sin fe no podemos agradar a Dios. Mira 1 Juan 5:14-15: *"Y esta es la confianza que tenemos en él: si pedimos algo según su voluntad, él* nos oye. Y si sabemos que él nos oye en cualquier cosa que pidamos, también sabemos que tenemos las peticiones que le hayamos hecho". Santiago 1:6 también se dirige a la misma idea: *"Pero tiene que pedir con fe y sin dudar nada, porque el que duda es como las olas del mar, que el viento agita y lleva de un lado a otro"*. Si te falta fe, pídela y el Señor proveerá.

La Biblia nos da la receta de la fe. El ingrediente clave es escuchar la Palabra de Dios. Pregúntate: ¿Qué estoy escuchando cada día? ¿Escuchas a la gente quejarse todo el día? ¿Chismes? ¿Televisión? ¿Música secular? Para fortalecer tu fe, debes sumergirte en la Palabra de Dios, escuchar los testimonios de otras personas y escuchar prédicas saludables alineadas con el Espíritu Santo. Deja de intentar producir fe con los ingredientes incorrectos: es tan inútil como esperar hornear un pastel sin harina, huevos y leche.

Una vez fortalecida tu fe, acércate al trono de Dios con valentía y acción de gracias. Agradece por lo que ha hecho y todo lo hará en tu futuro. La Biblia dice que Dios habita en las alabanzas de su pueblo. Cuando entregas acciones de gracias es mejor que creas que Él vendrá. Una vez que estés allí entrégale tu petición y cree que la has recibido. La Biblia nos promete que sucederá (*Marcos 11:24*).

Es posible que preguntes: "Janelle, ¿qué pasa si no tengo la motivación para orar?" Amiga, ¡He estado allí! A veces nos falta motivación cuando sentimos que lo que estamos pidiendo es imposible para Dios (como si existiera tal cosa). Profundicemos. ¿Por qué nos sentimos de esta manera? He notado que me falta motivación cuando:

1. No estoy caminando en el Espíritu, sino en la carne.
2. No he tomado la decisión de ponerme de acuerdo con la Palabra de Dios.
3. No he fortalecido mi fe para orar.

La buena noticia es que no tienes que hacer el trabajo duro, simplemente estar de acuerdo con lo que Dios dice y esperar por esas cosas que no son como si fuesen. No dejes que la incredulidad se interponga en tu camino. Solo porque una situación parezca imposible para ti no significa que sea imposible para Dios. Tu Padre se especializa en casos imposibles.

Quizás para ti orar parece ineficaz. Crees que Dios es soberano. Depende de Él si alguna vez te casarás. Sí, Dios es soberano. Sin embargo, es un Dios amoroso que nos ha dado libre albedrío. Amiga, Él aprecia tus oraciones. Apocalipsis 5:8 dice que el cielo tiene *"copas de oro llenas de incienso, que son las oraciones de los santos"*. Qué impresionante, ¿cierto? Dios realmente guarda todas nuestras oraciones. Ya ves, son un incienso fragante para Él, y las guarda intencionalmente. Él anhela saber de ti. ¡No te contengas!

También aprendí a concentrarme y ser intencional cuando paso tiempo con Dios. Leer la Palabra, adorar y orar deben ser parte de nuestro diario vivir; no una lista en agenda de tareas por hacer. ¿Estamos dejando espacio para que Dios hable? ¿Estamos teniendo un monólogo en lugar de una conversación? He notado que a veces puedo pasar una hora haciendo todas estas *cosas* pero, ni siquiera le pregunté a Dios *qué piensa* sobre la situación o qué quiere hacer a través de mí ese día. Te animo a que el tiempo con Dios sea parte de tu diario vivir. Es tiempo de *una relación real* con tu Creador. Seamos mujeres que se deleitan al escuchar de Dios mas que en marcar en agenda "Tiempo con Dios". Seamos María en vez de Marta. Finalmente, es importante ser intencional, establecer tiempo de comunión con Dios y orar. Una vez que hayas tomado la decisión de premeditar tu tiempo con el Señor, el enemigo te enviará distracciones para hacerte sentir que no tienes tiempo para orar. Te animo a que establezcas una hora cada día y te comprometas. Ponlo en tu calendario. Ya que el enemigo está amenazado no te sacará la alfombra roja una vez que decidas ser intencional. La Biblia dice que *"el enemigo anda como un león buscando a quien devorar"*. Así que cuando estés lo más débil entra al trono de Dios.

Para mí, cuando llego a casa y me siento agotada por el día de trabajo, me acuesto en el suelo y me sumerjo en música de adoración.

En la debilidad mi espíritu anhela pasar tiempo con mi Dios. Mientras me sumerjo en declaraciones de la verdad, la fe y mi fuerza van en aumento, y comienzo a agradecer a Dios aunque sea por las cosas más insignificantes. Al final de mi tiempo, estoy orando como nunca antes en el Espíritu. Veamos Romanos 8:26-27:

> *"De igual manera, el Espíritu nos ayuda en nuestra debilidad, pues no sabemos qué nos conviene pedir pero, el Espíritu mismo intercede por nosotros con gemidos indecibles. Pero el que examina los corazones sabe cuál es la intención del Espíritu, porque intercede por los santos conforme a la voluntad de Dios".*

Ya ves, cuando eres débil Él es fuerte. Cuando no puedes pensar con claridad, Él puede usarte mejor y orar a través de ti ya que tus ideas y mentalidades están fuera del camino.

Oro para que Dios revele el poder de la comunión y tengas una revelación más profunda de Su corazón. Oro para que no te sientas obligada a pasar tiempo y orar con tu Padre, más bien que la oración venga como un anhelo profundo de conocerlo mejor. Amiga, recuerda: Él anhela escucharte.

Oración final

Gracias Dios por darnos el deseo de estar en comunión contigo todo el día. Gracias por permitir acercarnos con valentía sin condenación hacia Tu trono. Oro para que mi fe sea como la de un niño para creer lo que oro. Amen.

CAPÍTULO 4

Déjate enamorar por Jesús

Deja que Jesús te enamore. Interesante, ¿no? Esta es la gran pregunta. ¿Cómo Jesús me conquistaría? "Sé que Él es mi Salvador pero, no lo veo como mi amado". Amiga, ¿cómo sabrás que un hombre se acerca con el fin de enamorarte si no has permitido que Jesús te enamore? Él es tu Creador. Él te conoce. Él puede satisfacer cada anhelo. Él sabe amarte bien. ¿Y cómo amarás bien a alguien más si no has tenido una revelación del amor de Dios para tu vida? En 1 Juan 4:19 la Biblia dice que "amamos porque Él nos amó primero". Si queremos amar a otra persona sin ningún tipo de reservas, primero debemos dejar que Dios nos ame y nos revele nuestro valor.

Sin embargo, Dios no forzará su comunión contigo. Apocalipsis 3:20 dice: "¡Mira! Ya estoy en la puerta y llamo. Si alguno oye mi voz y abre la puerta, yo entraré en su casa, y cenaré con él, y él cenará conmigo". Dios es un caballero que llama a la puerta de tu corazón esperando que contestes. Te llama y espera pacientemente. Él tiene la llave de tu corazón, no obstante, Jesús no entra sin permiso. Amiga, tú decides darle acceso a las partes más profundas de tu alma y de tu mente. Su deseo es tener comunión contigo. ¿Por qué piensas que creó a Adán y a Eva? Los creó para tener comunión. La Biblia también nos revela cómo los pensamientos de Dios sobre nosotros superan el número de granos de arena. ¡Imagina esto! Él piensa en ti todo el tiempo y espera que te comuniques con Él.

Yo llegué al punto de enamorarme de Jesús. Me emocionaba regresar del trabajo y pasar tiempo con Él. A veces, los viernes o sábados por la noche iba a citas con Él que consistían en ir de compras, cocinar la cena mientras escuchaba música de adoración y simplemente invertir mi tiempo. En ocasiones servía la cena y luego me olvidaba de comer porque era más el hambre por adorarlo. La primera vez que sucedió, estaba adorando mientras cocinaba y cuando me senté a comer, solamente quería llorar a sus pies. Me pregunté: "¿Cómo es que solo quiero llorar y adorar todo el día?" Y escuché a Dios decir: "Esto es enamorarse de mí". Tenía más hambre del pan de vida eterna que de los placeres temporales de la comida. Imagina si pudiéramos vivir así todos los días, cada minuto y cada segundo del día en sintonía con Su voz, Su amor y Su búsqueda de nosotros.

En este tiempo y proceso Él siempre aparecía mimándome hablando verdades sobre mí, corrigiéndome, mostrando su caballerosidad, respetándome y amándome incondicionalmente. Mientras que yo hablaba con Él durante el día haciéndole preguntas, adorando a sus pies, leyendo su Palabra y deleitándome en su santidad. Después de meses de que Dios me enamorara, finalmente, le dije: "Te amo". Esto fue un gran paso para mí ya que nunca se lo había dicho. Antes de esto, escuchaba como algunas personas le decían "te amo" a Dios y yo pensaba: "¡Wow! Esto es diferente. Ellos definitivamente tienen una revelación de Dios más profunda que la mía. Definitivamente están 100 por ciento comprometidos". Me di cuenta que este amor nació del incremento e intimidad que pasé en su Presencia. Cada vez que yo iba Él me encontraba. Cada vez que lo llamaba, Él era fiel para responder. Fue un caballero intencional. Estaba lleno de verdad y sabiduría. Me recordó cuánto me ama y cuánto valgo. Nunca me falló.

David también se dio cuenta de esta verdad y lo demostró en el Salmo 23:6 cuando dijo: "Sé que tu bondad y tu misericordia me acompañarán todos los días de mi vida". David estaba confiado y seguro de que la buena naturaleza de Dios lo perseguiría todos los días de su vida.

Ya ves, Dios tiene celo por ti y quiere compartir recuerdos contigo. Cuando Dios empezó a perseguirme y a enamorarme, sentí que decía esto:

> *"Quiero hablar contigo. Quiero tener comunión contigo. Quiero que compartas estas cosas y recuerdos conmigo ahora. Estoy celoso y ferviente por ti. Cuando llegue el momento, podrás compartir con la persona que tengo para ti, quien te amará por quien tú eres".*

Dios comenzó a preparar mi corazón para la persona que tiene designada mí. Si no hubiera dejado que Él me guiará a través del proceso, cabía la gran posibilidad de que me hubiese conformado. La mayoría de las veces nos preocupa más la promesa. Decimos: "Dios, prometiste que me casaría". Pero, centrarse en la promesa e ignorar el proceso es inútil. En este caso terminas conformándote o Dios sigue pautando oportunidades para pasar por el proceso una y otra vez.

Amiga, el proceso nos permite ser refinadas. Piensa en un diamante. El diamante antes de ser diamante es una pieza de carbón que debe someterse a la presión para convertirse en uno hermoso y brillante. Sin presión y refinamiento el carbono no está listo para lucirse. No está listo para brillar y no puede cumplir su propósito como diamante. Nuestro viaje es similar: es aquí donde Dios nos muestra nuestro valor y forja nuestro carácter para que podamos estar más que preparadas para esa temporada matrimonial. El proceso es donde ocurre la magia. No huyas de él. ¡Abrázalo!

En este tiempo de búsqueda y enamoramiento Dios te mostrará cómo no fuiste creada para algo pequeño. Él te mostrará tu valor para que puedas mantener tus estándares a un nivel alto. Si te encuentras en un estado de tu vida en donde te casarías con la primera persona que te muestre aprobación o cariño, te reto a que te preguntes si has experimentado la revelación del amor de Dios por ti. La Biblia dice que una esposa de carácter noble vale más que los rubíes. Cuando tu tienes esa revelación del amor del Padre, *muy dentro* de ti, sin dudas, sabes qué hermosa, valiosa y digna eres. Llegas al punto donde no te mueve la presión de la sociedad, los comentarios de tu familia o las opiniones externas. Te enamoras tanto de tu relación con Jesús que confías en Él al cien por ciento. Amiga, Dios ha puesto algo esencial en ti con lo que puedes impactar el mundo. No te conformes con algo menos de lo que Él tiene reservado para ti. Sé fuerte, anímate y espera en el Señor (Salmo 27:14).

No digo que será fácil, pero, Dios honra tu espera. Por ejemplo, he tenido momentos en los que he querido que alguien me quiera —momentos en los que deseo ir a una cita, tener una conversación significativa, ser conocida por alguien y ser amada incondicionalmente. Dios ha sido fiel en perseguirme y recordarme que Él quiere pasar tiempo conmigo, tener una conversación, o hacer lo que yo quiera hacer. Dado a eso, comencé a anhelar simplemente pasar tiempo con Él, adorarlo, así que me dirigía a casa y hacía exactamente eso. Sentí que Dios me estaba diciendo en esa temporada: "Janelle, cuando te sientas sola, recuerda esto: deseo pasar tiempo contigo. Ven a mí. Yo te satisfago". Dios nunca me ha defraudado. Él ha estado allí en los tiempos difíciles y en los buenos. Y lo mismo va para ti. Amiga, tú le importas. Y Él te ve.

Ahora es el momento perfecto para dedicarte únicamente al Señor y dejar de enfocarte en encontrar a "esa persona". Piérdete tanto amando a Dios que la persona que Dios tenga para ti sea intencional en la búsqueda por ti. A veces estamos tan concentradas en dónde puede andar esa persona o en quién puede ser ese por el cual nos perdamos las alegrías de esta temporada con Dios. ¿Cuántas de nosotras hemos salido a alguna parte y pensamos en que si la persona que Dios tiene para nosotros está allí? O cuando un chico nos pide salir en una cita, creamos una narrativa en nuestra mente de cómo van a salir las cosas.

Sin estar consciente de ello, esto me pasó. Una amiga seguía diciéndome que mi esposo sería alguien que yo ya conocía y alguien en quien yo nunca había pensado que sería más que un amigo. No hace falta decir que yo estaba tratando de averiguar quién era (como si mi amiga supiera mejor que Dios). Dios tuvo que hablarme a través de un sueño sobre cuánta atención le estaba dando a esto. En el sueño había perdido mi tarjeta de crédito y me obsesioné tratando de encontrarla. Cuando desperté Dios me dijo: "Así es como te veo ahora mismo obsesionándote sobre quién será tu esposo. Deja de concentrarte en quién es. Yo proveeré". Ya ves, el tiempo de Dios lo es todo. Quería poder servir a Dios de una manera más en grande. *Deuteronomio 32:30 dice: "¿Cómo podrá perseguir uno a mil? ¿Cómo harán huir dos a diez mil, si su Roca no los hubiera vendido, si el SEÑOR no los hubiera entregado?"* Este versículo trata sobre los israelitas luchando contra sus enemigos. Creo que muestra una imagen de cuánto más dos personas unidas y corriendo hacia la misma misión bajo la cobertura de Dios puede cumplir para el reino de Dios. A mí también me preocupaba envejecer y no ser tan bonita. Yo soñaba en compartir recuerdos con esa persona mientras fuese joven y tuviera energía. Pero Dios me dijo: "Janelle, no le agradarás a tu esposo solo por tu apariencia, sino por quien eres".

Amiga, creo que esta verdad también es para ti. Dios tiene una persona a quien no solo le gustarás porque piensa que eres hermosa por fuera sino que verá tu belleza por dentro. No hay vergüenza en estar emocionada y esperando esa temporada, pero no dejes que el afán te haga perder la importancia de la temporada presente. Te desafío a que consideres cómo vivirías si supieras que irías a conocer a tu esposo un día. Disfrutarías esta temporada. Si Dios te ha prometido algo, Él es fiel para cumplirlo. Él no es un hombre para que mienta ni un ser humano para que cambie de parecer. Él es tu Padre y sabe lo que es mejor para ti.

Siento que Dios me ha dado una imagen de cómo quiere que nosotras, sus hijas, lo amemos. La imagen me recordó a la escena de la película *Orgullo y Prejuicio* cuando el señor Darcy le dice a Elizabeth: "Me tienes hechizado, en cuerpo y alma, y te amo, te amo, te amo. De hoy en adelante nunca me apartaré de ti". Este es el tipo de amor que Dios está buscando. Él quiere que nos despertemos, sigamos con nuestro día y nos acostemos en comunión con Él. Quiere que estemos enamoradas para recibir más de El. Él quiere que estemos tan cerca de Él que podamos escuchar Sus susurros. Y Él quiere que consideremos Sus palabras como la verdad más confiable. Amiga, ¿Aceptarás su invitación a enamorarte? "Cásate" con este hombre Jesús. Dile "Si, yo acepto" antes de decírselo a un humano. No vayas a cosas inferiores y temporarias para encontrar satisfacción. Ya ves, si ni siquiera podemos comprometernos con Jesús, que es un hombre perfecto, ¿cómo vamos a comprometernos con un hombre imperfecto? Necesitas a Jesús en tu relación, pero lo más importante, lo necesitas en continua comunión contigo.

Algunas de ustedes pueden estar pensando: "Sí, quiero este tipo de amor y comunión, pero, ¿cómo llego ahí?" Amiga, solo habla con Él. Un simple "Dios, te doy permiso para que me enamores" es suficiente. Siempre ha estado llamando y quiere que abras la puerta de tu corazón. Sé intencional en pasar tiempo con Él, y créeme, no te decepcionarás.

Oración final

Jesús, estoy abierta a tu búsqueda y encuentro. Quiero conocerte íntimamente, tener una relación contigo y ser amada por ti antes de dejar que un hombre me enamore. Enséñame cómo debo ser tratada. Enséñame cuánto valgo. Enséñame a compartir y a pasar tiempo contigo. Te invito y te doy permiso para que sobrepases mis expectativas con tu amor. Gracias Señor. Amén.

CAPÍTULO 5

Salud emocional

La salud emocional es una parte muy importante en tu temporada de soltería. Creo que este es el mejor momento para sanar las heridas de la infancia y de las relaciones pasadas. También podemos aprovechar este tiempo para exponer los paradigmas negativos y las fortalezas que creemos sobre nosotras mismas. Ya ves, Dios nos ha dado autoridad para llevar cautivos los pensamientos y someterlos a la obediencia de Cristo. Afirmar creencias erróneas o negativas sobre ti misma no significa que sea cierto. Dios no piensa de esa manera.

Es posible que me preguntes: "Janelle, tengo heridas que sanar y sigo creyendo mentiras. ¿Cómo puedo sanar y ser libre?" Podemos encontrar la respuesta en Lucas 24. Mira los versículos del 13 al 33. Jesús se encontró con dos hombres decepcionados porque Él no era el Mesías. Fueron consumidos por todos los que no reconocieron a Jesús. A pesar de ello decidieron cenar y pasar tiempo con Jesús. Durante la cena: *"Jesús tomó el pan y lo bendijo; luego lo partió y les dio de comer. En ese momento se les abrieron los ojos, y lo reconocieron. Al instante desapareció de su vista"* (énfasis añadido) (Lucas 24:30-31). Estos dos hombres tenían ideas preconcebidas sobre quién era Jesús y no fue hasta que entraron en contacto con Él y pasaron tiempo que pudieron ver quién era Él en realidad. También se preguntaron unos a otros: *"¿Acaso no ardía nuestro corazón mientras nos hablaba en el camino y nos explicaba las Escrituras?" (Lucas 24:32).* Estos hombres no pudieron ver quién era Jesús hasta que se sentaron a la mesa y compartieron entre ellos la comunión. Ya ves, la única forma en que las mentiras que creemos y las fortalezas que tenemos pueden ser expuestas y removidas es abriendo la puerta y pasando tiempo con Jesús. Él trae claridad. Elimina la confusión y nos libera.

Salud emocional: heridas familiares

Familia. La mayoría tuvimos una mientras crecíamos. Ya sea una madre soltera, ambos padres, abuelos o una familia adoptiva—todos fuimos criados por seres humanos que estaban lejos de la perfección. Todos cometieron errores y nos lastimaron de manera directa o indirecta. Si tuviste un padre que te abandonó o no estuvo presente ahí para ti pasaste por un poco de dolor. La pregunta es, ¿has sanado las heridas? Las heridas de la infancia pueden afectar tu relación con Dios, tus amigos y tu matrimonio. Si tu papá le fue infiel a tu mamá, es posible que tengas problemas de desconfianza. Puede que dudes sobre la fidelidad de tu novio o esposo. Si atravesaste acto de abandono a causa de tu papá o mamá cuando eras niña podrías proyectar esa traición a tu esposo. Si fuiste abusada sexualmente, esa historia puede ser un problema en tu vida sexual. Te animo a que lleves tu pasado a Jesús. Siéntate con Él y procésalo. Él es el único que puede darte belleza en lugar de cenizas. Ya ves, amiga, tu pasado no tiene autoridad para determinar ni dictar cómo será tu futuro. Todo es posible. Los nuevos comienzos de sanidad, restauración y libertad son sí y amén con Dios.

Es prudente hablar de estos temas con personas confiables. Habla con líderes de tu comunidad, los ancianos de tu iglesia o un consejero cristiano. Manténte lo más saludable que puedas ahora mismo para estar preparada en el futuro.

También quiero animarte, aunque las separaciones, infidelidades o la muerte de tus padres sucedieron mientras estabas creciendo, eso no quiere decir que te vayan a pasar en tu matrimonio. Si no estuviste de acuerdo con la forma en que te criaron tus padres, eso no significa que serás el mismo tipo de padre o madre. Tus oraciones harán la diferencia. Ora por tu futuro esposo y tu futuro matrimonio. Empieza a declarar lo que quieres ver. Recuerda que el matrimonio es un compromiso entre tres personas: Dios, el hombre y la mujer. Eso significa que para que tu matrimonio funcione, el hombre que escojas debe tener una relación con Dios, compartir creencias similares y conocer al Espíritu Santo. Tienen que ir hacia la misma dirección. Y no lo dudes —esto es posible. Mantente firme en Él y no te conformes con menos.

Pregúntale a Dios: ¿Tengo alguna herida familiar supurando en mi corazón? ¿Cómo puedo asociarme contigo para sanar emocionalmente?

Salud emocional: tu apariencia

Es importante estar emocionalmente sana con respecto a tu apariencia antes de comenzar una relación. Vivir en este mundo hace que sea difícil aceptarte a ti misma como eres, ya que te bombardean con tantos ejemplos de cómo deben verse las mujeres y qué constituye ser bella. Algunas de nosotras hemos tenido experiencias dolorosas con personas que nos hacen dudar de la forma en que fuimos creadas ya sea por un comentario o una actitud de rechazo. Solemos vivir situaciones que traen estigma a nuestra apariencia. Mírame, por ejemplo. Nací en Honduras y la familia de mi papá es 100% árabe de Belén. Eso me hace parte árabe y parte hispana. Después del 11 de septiembre, odié que me vincularan con personas del Medio Oriente. El juicio de la gente me hizo sentir menos. Pasé por un estricto control de seguridad en el aeropuerto e incluso ir a la "pequeña habitación" para ser interrogada.

Tampoco me gustaba mi apariencia física. Viví acomplejada con mi nariz, mis piernas demasiado gruesas, mi color de piel demasiado oscuro. No fue hasta hace un par de años que Dios me liberó de esa mentalidad. Me di cuenta de que soy única y exótica. No debería avergonzarme de donde vengo ni de mi ascendencia. Ya ves, puedo elegir si los prejuicios y la ignorancia de la gente me afectan. Siempre tendré una opción.

    Seamos audaces y llevemos esta idea más allá. Amiga, Dios eligió tu lugar de nacimiento y quiénes serían tus padres. Eligió tu apariencia. Yo solía odiar mi sonrisa y sonreía con mis labios cerrados. Después de varios años de superar esto, estaba teniendo una conversación con Dios y simplemente le pedí que me mostrara cuál era su parte favorita de mi. Luego me olvidé de la petición y fui por unas compras. Más tarde fui a Chipotle, donde un chico me detuvo y me dio un cumplido sobre mi sonrisa. ¿Cuál es mi punto? Dios te creó. A veces lo que odiamos de nosotras mismas es de lo que Dios se enorgullece. Anímate —Él te hizo hermosa. La Biblia dice que estamos hechas de manera maravillosa. Lee conmigo el Salmo 139 y veamos cómo David lo expresó.

> *"Tú, Señor, diste forma a mis entrañas;*
>   *tú me formaste en el vientre de mi madre!*
> *Te alabo porque tus obras son formidables,*
>   *porque todo lo que haces es maravilloso.*
>   *¡De esto estoy plenamente convencido!*
> *Aunque en lo íntimo me diste forma,*
>   *y en lo más secreto me fui desarrollando,*
>   *nada de mi cuerpo te fue desconocido.*
> *Con tus propios ojos viste mi embrión;*
>   *todos los días de mi vida ya estaban en tu libro;*
>   *antes de que me formaras, los anotaste,*
>   *y no faltó uno solo de ellos".*
>   —Salmo 139:13-16

Pregúntale a Dios: ¿Hay partes de mí que no estoy aceptando? ¿Cómo puedo amarme? Dios, muéstrame cómo Tú me ves.

Salud emocional: tu personalidad y carácter

Fue difícil para mí aceptar mi personalidad. Sé que Dios me dio mis atributos y mi forma de ser, pero, mi infancia y experiencias también me moldearon en lo que soy hoy. Recuerdo que siempre odié lo complicado que era socializar. Odiaba ser tímida e introvertida. Odiaba la forma en que sobre analizaba todo. Seguía pensando, ¿por qué no puedo ser yo la divertida? Quería ser espontánea en lugar de planificarlo todo. Pero luego encontré Isaías 45.

> —*"¡Ay de aquel que discute con su Hacedor!*
> *¡Un tiesto más entre los tiestos de la tierra!*
> *El barro no le pregunta al alfarero:*
>   *"¿Qué es lo que haces?"*
> *¿Acaso le señala:*
>   *"Tu obra no tiene manos"?*
> *¡Ay de aquel que pregunta a su padre:*
>   *"¿Por qué me engendraste?"*
> *O pregunta a su madre:*
>   *"¿Por qué me diste a luz?""*
>   —Isaias 45:9-10

Si Dios orquestó y dirigió mi concepción, entonces, ¿quién soy yo para discutir con Él? Estaba destinada a ser una planificadora estructurada. Un día alguien necesitará esos atributos que Dios me ha dado al igual que tú. Imagínate si todos fueran desorganizados, espontáneos y continuaran con la corriente. No haríamos nada en este mundo.

No es nuestro lugar preguntarle a Dios por qué nos hizo de cierta manera. No me malinterpretes, no uso esto como excusa para seguir igual. He aprendido a ser intencional en cuanto a no tener miedo de la gente, a hablar y a ser valiente en la verdad de Dios. Si los comportamientos que tienes no son saludables y no se alinean con la Palabra de Dios, te animo a que busques en Su palabra y busques versículos que hablen lo que quieres ver en tu vida. Su Palabra está viva y activa. Deja que te transforme para que puedas convertirte en un testimonio de Su bondad y poder.

Hace un par de años, cuando luché nuevamente con inseguridades, Dios me dio una palabra a través de una conocida. Ella dijo: "Le has preguntado a Dios por qué te hizo como eres, más tu transformación le traerá gloria al final". Amiga, Él te conoce íntimamente y ya escribió tu bella historia. Él sabe lo que no te gusta de ti misma. Para mi, eso era lo tímida que era basado en sentirse menos e insegura.

Cuando era niña, era tan tímida que tenía miedo de hacer cualquier cosa que me hiciera el centro de atención. Al punto de decirle a mi maestra que tenía que usar el baño. Después, como adulta, tenía miedo de orar en público y decir el nombre de Jesús. Ya ves, yo temía a la gente más de lo que temía a Dios. Ese miedo no se alinea con la Palabra de Dios. Dejé que ese miedo y esa inseguridad fueran una invitación para acercarme a Dios, mantenerme firme en Su Palabra y ser transformada. He recorrido un largo camino. Algo que he aprendido es que el resultado final no es el premio. El premio es pasar por el proceso con Dios y dejarlo entrar hasta lo más profundo de tu alma. Amiga, permanece abierta al proceso: es donde ocurre la magia.

Pregúntale a Dios: ¿Qué áreas de mi personalidad y carácter no estoy abrazando completamente? Muéstrame cómo amar los atributos que me has dado y dame discernimiento para saber cuándo ciertos comportamientos no provienen de ti.

Salud emocional: en la espera

¿Qué pasa si ya te sientes cómoda en tu propia piel y has aceptado tu belleza? Eso es genial. Ahora pregúntate: "¿Cómo está mi salud emocional con respecto a la temporada de espera?" ¿Estás esperando bien y con un propósito o estás esperando pasivamente mientras intentas llamar la atención de todos los chicos? Es de humanos sentirte sola y desear relacionarte con los demás. La forma en que intentas encontrar la conexión revela tus motivos. ¿Compartes con tus amigas? ¿O estás entreteniendo los mensajes de texto de un chico cualquiera a pesar de que sabes que no quiere nada serio? ¿Aceptas salir con cualquier chico que pregunte aunque ya sabes que no estás interesada? Amiga, no te gustaría que un chico te haga perder el tiempo si no le interesas, así que ¿por qué harías lo mismo? Comunícate con una amiga y haz planes para tomar un café y hablar sobre cómo te sientes. Dios ha puesto amigas en nuestras vidas para que podamos animarnos unas a otras.

La temporada de espera no es el momento para salir con cualquier chico a causa del aburrimiento. Diría que no es el momento de besar a chicos por los cuales sientas atracción. Y definitivamente no es momento de comprometer tu pureza para sumar experiencia o satisfacer tus deseos físicos. Amiga, Dios ha ordenado este tiempo para que puedas acercarte más a Él, encontrarte, valorarte y emprender camino hacia tu llamado. Deja de intentar llamar la atención de todos los hombres o agradarles a todos solo para frustrarte cuando uno de ellos no quiera conocerte con el propósito de casarse. No es tu trabajo encontrar un hombre, sino convertirte en la mujer que Dios te ha llamado a ser y a estar en condiciones de ser encontrada. ¿Cómo se ve esto?

- Cultiva tu relación y conoce a Jesús adorándolo, leyendo la Palabra y haciéndolo el centro de tu vida.
- Conéctate y sirve en tu iglesia local. Es importante sembrar tiempo en los demás. Tu matrimonio será tan bueno como tu abnegación.
- Busca en una comunidad a personas que corrijan con cariño y vean lo mejor en ti.
- Empieza a descubrir tu vocación. ¿Qué te apasiona?
- Estudia para obtener un título.
- Consigue un trabajo estable.
- Trabaja para pagar cualquier deuda que tengas.
- Cuida tu salud física y emocional.

Pregúntate: ¿Cuáles son algunos pasos prácticos que puedo tomar hoy para esperar bien?

Salud emocional: sanar relaciones pasadas

Si está leyendo este libro, es probable que hayas salido o estado en una relación con alguien que no funcionó. El proceso de conocer a alguien y estar en una relación es complicado, vulnerable y a veces nos lastima. Nunca he estado en una relación, pero, confieso que salí con un chico que me gustó por un corto periodo de tiempo. Teníamos las mismas creencias, amigos en común, era atractivo y divertido. Sentí que era un regalo de Dios y no lo quería perder. Analicé en exceso todos mis movimientos en lugar de ser yo misma. Además de eso, era tímida e insegura, lo que no ayudó en el proceso. Teníamos culturas, sentidos del humor y personalidades muy diferentes. Sí, cumplía la mayoría de los puntos en mi lista, pero no me sentía segura estando con él. Sentía que debía estar "alerta" ya que en cualquier momento podía cambiar de opinión sobre mí. Sentí que tenía que demostrar que era suficientemente buena. No hace falta decir que no fue un proceso sin esfuerzo.

En el fondo, yo sabía que valía la pena ser conocida y tratada con amor y respeto. Sabía que era valiosa. Sabía que merecía algo mejor de lo que sentía (y lo que él estaba sintiendo también), pero creí una mentira. Pensé que la posibilidad de gustarle a otro chico que tuviera sus cualidades eran escasas, así que seguí intentándolo. Después de sentirme confundida por un tiempo, perdí claridad y terminamos acordando ser solo amigos. Mirando hacia atrás, puedo ver que no estaba listo para una relación. Tenía la mentalidad equivocada y no estaba completamente aceptando ni siendo yo misma.

Sin embargo, agradezco a Dios por la experiencia. Podrías estar preguntando "¿Qué? ¿Le das gracias a Dios por cerrar la oportunidad de estar con un chico que realmente te gustó?" La respuesta es sí. He aprendido que lo que Dios tiene para mí ningún hombre me lo puede quitar. He aprendido que cuando Dios cierra una puerta, no me está castigando, sino dirigiéndome. He aprendido que cuando Dios me quita algo no es para lastimarme es para crecer. He aprendido que el *no* de un hombre no determina mi valor ni mi identidad. Realmente me hace correr a los pies de Jesús donde Él habla verdad sobre mí. Verás, he aprendido a confiar en Dios, incluso, cuando no tiene sentido, porque, amiga, Dios nunca nos quitará algo si no tiene algo mejor.

Me pregunto cuántas de nosotras hemos estado en situaciones como esta: ¿Cuantas persistimos en forzar la puerta cerrada porque parece algo bueno? ¿Cuántas de nosotras nos hemos conformado porque dudamos si las promesas de Dios son tan buenas dicen? ¿Cuántas de nosotras permanecemos en relaciones porque la sociedad dice que estamos envejeciendo y todas nuestras amigas se van a casar? El caminar de todos es diferente. No se supone que debes vivir de acuerdo con los estándares que tus amigas, la sociedad o tu familia imponen. Se supone que debes alinearte con el Espíritu Santo y vivir de acuerdo a sus estándares. Concéntrate en ser obediente y en Su voluntad para tu vida, Él lo hará. Confío que si Dios colocó el deseo del matrimonio en tu corazón honrará ese deseo a su debido tiempo.

Te animo a que proceses esas decepciones con Dios. La Palabra nos dice en *Proverbios 13:12 que "la esperanza que se demora es tormento del corazón".* Entonces, amiga, ¿qué haces con la decepción de una relación que no funcionó o una expectativa no cumplida? La Palabra nos dice que *"porqué de la abundancia del corazón habla la boca" (Mateo 2:34).* Entonces, si estás permitiendo que la esperanza diferida tome lugar en tu corazón afectará tus pensamientos, acciones y perspectiva. Protege tu corazón por encima de todo (Proverbios 4:23). Comparto algunos consejos aprendidos a implementar cuando una relación no funciona o cuando todos los demás obtienen lo mismo que oras menos tú:

1. Bendice a la persona que está recibiendo la bendición que deseas. Sí, es difícil, pero no quieras que la amargura o la envidia se enraícen en tu corazón.

2. Ora por la futura esposa del chico en lugar de hablar mal de él con tus amigas.
3. Se agradecida y fiel con lo que tienes ahora. Gratitud es el camino a la alegría.
4. Una decepción no llega a contar toda tu historia. Una temporada es solo una temporada

Amiga, hay belleza en el misterio. Incluso, cuando no entiendes. ¿Puedes alabar a Dios? ¿Estás más enamorada de la promesa que del que cumple la promesa? Ves, alabarlo en lo desconocido es el mejor sacrificio que podemos ofrecerle a Dios. La Palabra nos dice que *"bienaventurados los que no vieron y creyeron" (Juan 20:29).*

No digo que sea fácil. No digo que no sea doloroso. Pero, nos hace cosechar fruto. La vida de José es un excelente ejemplo de esto. José fue uno de 12 hijos. Él era el favorito de su padre y este favoritismo sembró celos entre sus hermanos. Los hermanos vendieron a José para que fuera un esclavo y terminó en Egipto. Una vez fuera de la cisterna, tuvo la oportunidad de ser el supervisor del palacio de Potifar debido a su fidelidad y arduo trabajo. A pesar de su integridad fue puesto en prisión debido a las falsas acusaciones de la esposa de Potifar. Se quedó encarcelado por un periodo de dos años y permaneció fiel a Dios. ¡Imagina! José tuvo que pasar por muchos obstáculos para llegar donde Dios lo quería. Sin embargo, debido a su fidelidad a Dios, se convirtió en el segundo en mando, el hombre de confianza de Potifar y más tarde salvó a Egipto de una gran hambruna. Cuando sus hermanos fueron a comprar comida en Egipto, José respondió:

> *"Ustedes pensaron hacerme mal, pero Dios cambió todo para bien, para hacer lo que hoy vemos, que es darle vida a mucha gente".*
> —Genesis 50:20

¿Ves la lección? Cada vez que un prospecto falso te ha roto el corazón Dios lo a usado para tu bien. No estoy diciendo que Dios lo causó pero sí lo usó. *Romanos 8:28 dice: "Y sabemos que a los que aman a Dios, todas las cosas les ayudan a bien, esto es, a los que conforme a su propósito son llamados".* Créelo o no de mí nació una relación más íntima y dulce con Jesús. Para mí, es como llegar a casa del trabajo y acostarme a Sus pies en el piso de la sala absorbiendo Su bondad a través de la adoración. Descubrí que cada vez que le llevo mis emociones, pensamientos e inseguridades Él siempre aparece. Él me vio, me conoció y se preocupó por mí. Pero escucha, no tomé mis emociones y traté de satisfacerlas con cosas mundanas como comida, redes sociales u otro chico. La única persona que realmente puede curarte y satisfacerte es Jesús. Ya murió por tu curación física y emocional.

También comencé a escribir poemas al Señor para animarme y hablar sobre Su bondad. Me motive en Dios. ¿Cómo se ve eso? Es declarar lo que quieres ver en lugar de lo que sientes. No estoy diciendo que debamos reprimir nuestros sentimientos y no lidiar con ellos. Amiga, pasa por esas emociones y ese dolor con Jesús. Él quiere tus emociones, tus pensamientos y tus dudas. La clave es no atascarse en las mismas emociones. Separa un tiempo para procesarlas con Jesús y cuando Él haya restaurado tus fuerzas, infundido vida y renovado tu esperanza, decide que ya no vas a pensar en lo que pudo haber pasado. ¿Cómo puede Dios hacer algo nuevo en tu vida si vuelves a lo viejo? ¿Cómo puede darte belleza en lugar de cenizas si no sueltas las cenizas?

Después de pasar por este proceso aprendí que Dios puede llenar mis deseos más secretos. No estoy diciendo que nunca pienso en casarme o que no tengo deseos de hacerlo, pero estoy diciendo que Dios ha puesto un sentido de satisfacción tan fuerte donde estoy que no necesito una relación para estar satisfecha. Leamos el Salmo 63. David escribió este salmo en el desierto de Judá escondiéndose de la rebelión que su propio hijo Absalón orquestó contra él. David, probablemente, estaba sintiéndose traicionado y soportó las duras condiciones del desierto cuando estaba acostumbrado a vivir como un rey. Mira estos versículos:

> *"Tu misericordia es mejor que la vida;*
> *por eso mis labios te alaban.*
> *¡Yo te bendeciré mientras tenga vida,*
> *y en tu nombre levantaré mis manos!*
> *Mi alma quedará del todo satisfecha,*
> *como si comiera los mejores platillos,*
> *y mis labios te aclamarán jubilosos".*
>
> —Salmo 63:3-5

Este salmo nos enseña cómo podemos acudir a Dios para satisfacer nuestras necesidades y heridas más profundas. David se dio cuenta de que no importa la situación que enfrentara el amor de Dios es suficiente. Él conocía que alabar a Dios podía satisfacer sus heridas emocionales, sus deseos carnales y el hambre. David descubrió la realidad de que el amor de Dios supera cualquier dolor, anhelo o deseo. Me atrevo a estirar esto aún más y te pido que consideres cómo Dios puede satisfacer los anhelos que tienes de casarte hasta el momento adecuado. Él nos ha prometido que vendrá cuando lo invoquemos. ¡Que se levante tu ánimo! Él es fiel incluso cuando tu no lo eres. ¿Qué puede ser mejor que eso?

Finalmente, aprendí cuánta pasión tengo por animar a las mujeres en la temporada de soltería. Me encanta hablar verdades audaces e identidad sobre ellas. Verás, Dios me dio belleza en vez de cenizas. El dio a luz un propósito para mí de esa experiencia. Si te han roto el corazón o estás pasando por el dolor de una relación que no funcionó. Te exhorto a que invites al Espíritu Santo para renovar tu mente y corazón. Él te dará fuerza en esta temporada mientras meditas en Su Palabra. Apóyate en estos versículos:

SALUD EMOCIONAL

Jesús les dijo: "Yo soy el pan de vida. El que a mí viene, nunca tendrá hambre; y el que en mí cree, no tendrá sed jamás".

—Juan 6:35

"El Señor sacia la sed del sediento, y colma con buena comida al hambriento".

—Salmo 107:9

"Aunque mi cuerpo y mi corazón desfallecen, tú, Dios mío, eres la roca de mi corazón, ¡eres la herencia que para siempre me ha tocado!"

—Salmo 73:26

"Señor, ¡respóndeme, que mi espíritu se apaga! ¡No te escondas de mí, o seré contado entre los muertos! Muéstrame tu misericordia por la mañana, porque en ti he puesto mi confianza. Muéstrame el camino que debo seguir, porque en tus manos he puesto mi vida".

—Salmo 143:7-8

Pregúntale a Dios: ¿Hay alguna relación del pasado o alguna herida que no haya sanado por completo y falte por entregar? ¿Cómo puedo asociarme con tu Espíritu para obtener salud emocional en esta área?

Salud emocional: el perdón

Una vez que te hayas aceptado y amado a ti misma, puedes perdonar a otros por la gracia de Dios. La Biblia dice: *"Nosotros le amamos a él, porque él nos amó primero (1 Juan 4:19).* El perdón es una forma de expresar amor—amor hacia uno mismo y amor hacia los demás. ¡Te libera! Muchas veces las personas no disponen de la perspectiva correcta sobre el perdón. Ellos piensan que perdonar es estar de acuerdo con la ofensa y aceptarla. Ese no es el caso. Cuando perdonas sueltas el resentimiento y la ira. Desarraigas las raíces amargas de tu corazón y permites que Dios habite y lo haga florecer. "Si perdono a esta persona significa que debo fingir que no pasó nada y mantener una relación con ellos". Ese no es el caso tampoco. El hecho de perdonar a alguien no significa que tienes que permanecer en una relación. Simplemente estás dejando caer la cadena que te mantiene unida con esa persona. Te estás liberando y haciendo un regalo a esa persona.

Jesús dijo en Mateo 6:14-15: *"Porque si perdonáis a los hombres sus ofensas, os perdonará también a vosotros vuestro Padre celestial; mas si no perdonáis a los hombres sus ofensas, tampoco vuestro Padre os perdonará vuestras ofensas".* Esto no es para traer condenación es para resaltar la importancia que Jesús, el Hijo de Dios, otorgó al perdón. ¿Quiénes somos nosotros para llevar un registro de los errores de otros si nosotras mismas estamos cerca de cometer errores? Extendamos el perdón que Dios nos ha dado a los que nos han hecho daño. Al final todo es de Él y para Él.

En Lucas 31, Pablo agrega que perdonarse unos a otros es mostrar bondad y compasión. No todo el tiempo las personas lastiman intencionalmente. A veces, la gente lastimada solo sabe lastimar. Amiga, ten piedad de ellos. Puede que no hayan tenido un buen ejemplo. Esto no es por hacer excusas para ellos, sino, para mostrar el amor de Cristo y vivir con una mente renovada. ¿Cómo se ve esto? Esto es lo que nos dice la Biblia:

> *"Por lo demás, hermanos, piensen en todo lo que es verdadero, en todo lo honesto, en todo lo justo, en todo lo puro, en todo lo amable, en todo lo que es digno de alabanza; si hay en ello alguna virtud, si hay algo que admirar, piensen en ello".*
>
> —Filipenses 4:8

Pregúntale a Dios: ¿Hay alguien que no he perdonado y tengo resentimiento? ¿Qué pasos quieres que tome con respecto a esto?

Oración final

Si eres valiente para perdonar a aquellos por los que guardas resentimiento en tu corazón y estás lista para dejar ir lo viejo y deseas de todo corazón que Dios pueda traer algo nuevo. Haz esta oración:

Señor, gracias por morir en la cruz por mí y por soportar el peso de mis pecados. Te agradezco por perdonar todas mis faltas y dejarme blanca como la nieve. Humildemente, vengo a Ti pidiéndote que elimines todo resentimiento, dolor y amargura de mi corazón hacia _____. Sé que lo que hicieron no estuvo bien, pero elijo perdonarlos como tú me perdonaste a mí. Gracias por darme belleza en lugar de cenizas y por encontrarme donde estoy. Confío en ti. Amén.

CAPÍTULO 6

Salud física

La salud física es uno de mis temas favoritos. Soy dietista y nutricionista licenciada. Me encanta ayudar a las personas, específicamente, a las mujeres a encontrar un patrón de alimentación realista y accesible para sentirse lo mejor posible. A medida que crecía, tuve acceso a alimentos saludables, pero, la mayoría de la cocina hispana consiste en carbohidratos refinados en exceso y grasas no saludables. Una de mis abuelas tenía un restaurante y la otra cocinaba postres constantemente. No hace falta decir que lucía un par de kilos de más. No fue hasta que mi abuelo fue intervenido quirúrgicamente con un *bypass coronario*. En ese instante mi familia se volvió más consciente de la salud. Mi mamá comenzó a visitar varias dietistas para perder peso y yo la acompañaba.

Yo estaba asombrada e intrigada de cómo la mala nutrición tiene el poder para afectar el cuerpo. La obsesión de mi madre con el peso pronto me afectó. Afortunadamente, nunca tuve un trastorno alimentario pero, sí, atravesé una etapa donde conté calorías y me ejercitaba excesivamente. Finalmente, perdí peso antes de graduarme de la escuela secundaria y pasé a estudiar nutrición. Obtuve una licenciatura, una maestría y más tarde me convertí en ayudante. De este modo me convertí en una experta en nutrición. Estoy agradecida de que ya no me obsesiono con las calorías. En cambio, comer sano se ha convertido en algo normal.

¿Por qué comparto esto? No quiero que te concentres demasiado en el número de la báscula o en la cantidad de calorías que comes por día. En cambio, concéntrate en lo que te hace sentir bien. La Biblia nos dice que es un buen deber cuidar nuestros cuerpos. No estoy diciendo que contar calorías sea malo. En cambio, la mentalidad que tienes y el poder que le das a ese número es lo que puede hacer que no sea saludable. Si estás en proceso de perder peso y contar calorías esto ayuda a obtener una perspectiva de lo que estás comiendo. Házlo, pero no dejes que ese número dicte tu felicidad.

Mira 1 Corintios 6:19-20 conmigo:

> *"¿Acaso ignoran que el cuerpo de ustedes es templo del Espíritu Santo, que está en ustedes, y que recibieron de parte de Dios, y que ustedes no son dueños de sí mismos? Porque ustedes han sido comprados; el precio de ustedes ya ha sido pagado. Por lo tanto, den gloria a Dios en su cuerpo y en su espíritu, los cuales son de Dios".*

Tu cuerpo es donde reside Dios, el Espíritu Santo. Se intencional en cuidarlo. Si actualmente consumes comida procesada y basura todos los días, ¿por qué no intentas cocinar tus comidas en casa? Una caloría no es solo una caloría. Trata de elegir opciones de alimentos saludables que estén llenos de vitaminas y minerales, no solo calorías vacías. Una de las formas más fáciles de comenzar a mejorar tu salud es comer más frutas y verduras. Disminuir la cantidad de azúcares refinados. Como regla general, la mitad de tu plato debe estar lleno de verduras. Cuando digo verduras, piensa en las que no tienen almidón, como: el brócoli, la coliflor, la lechuga, la col rizada, las habichuelas, la berenjena, el espagueti de calabaza entre otros. La otra mitad de tu plato debe consistir en carbohidratos complejos y proteínas magras. Ejemplos de los carbohidratos complejos son el arroz integral, la

SALUD FÍSICA

quinoa y los espaguetis o pan que sea 100 por ciento integral. También puedes consumir verduras con almidón como batatas, plátanos, maíz o papas. Las proteínas magras son aquellas sin grasa o piel visible y se encuentran en variedad como el pollo, pavo, carne de res y pescado. Si comes carne molida es recomendable que el 99 por ciento sea libre de grasa. Puedes añadir a tu dieta nueces, frutas y lácteos como meriendas o postres. Lo que comes afecta tu mente. Haz un esfuerzo voluntario para estar saludable de adentro hacia afuera.

Comer sano es importante, pero, el ejercicio también es un componente fundamental para sentirte bien y segura de ti misma. ¿Sabes que hacer ejercicio produce endorfinas? Estas son las sustancias químicas producidas por el Sistema Nervioso que aumentan las emociones placenteras. Ayudan a combatir el dolor y aumentan los niveles de energía. El ejercicio también ayuda a mantenerte en forma, desarrollar masa muscular y prevenir enfermedades crónicas como la obesidad, diabetes, presión y colesterol alto. Si no estás segura de cómo comenzar, suscríbete a un gimnasio, asiste a grupos privados u opta por videos de ejercicio en línea. No sé ustedes pero, he decidido vivir una vida larga y saludable sirviendo a Dios.

Una vez que hayas encontrado una rutina de ejercicio y alimentación saludables dale gracias a Dios que puedes mover y nutrir tu cuerpo. Acepta quien Dios te ha hecho ser. Aprovéchalo al máximo y confía en tu propia piel. ¿Cómo logras esto? Habla amor y aceptación sobre ti misma diciendo: "Fui creada de manera maravillosa". "Yo soy hermosa". "Estoy contenta con quien soy". Si hay partes de tu cuerpo que no te gustan, ríndelas al Señor y permite que hable y ame esas áreas. Puede parecer una tontería, pero, a Él le importa.

En una nota similar, la mayoría de los chicos no se sienten atraídos por una sola característica. Si sientes que no eres simétrica o no eres tan hermosa como tu estándar de belleza, automáticamente, estás lista para fracasar. Un hombre de Dios no busca una súper modelo. Él está buscando a alguien con quien pueda vivir su vida cotidiana y servir a Dios. Los chicos no piensan: "Increíble, esa chica tiene una hermosa nariz!" "Necesito llevarla a tomar un café". Ellos ven todo el paquete. Piensan: "¿Me atrae esta chica?" "¿Está segura de sí misma?" "¿Ella es inteligente?" "¿Puedo tener una conversación con ella?" Un hombre de Dios entiende que el matrimonio no es solo sexo y apariencia; está compuesto de compañerismo, misión y una representación del amor de Dios. Hoy, toma la decisión de creer en tu corazón que eres hermosa y actúa como tal. ¡La confianza es clave!

A decir verdad, la mayoría de los hombres se sienten atraídos por la belleza física primero. No estoy diciendo que no puedas llamar la atención de un hombre por tu belleza interior, pero, aun así, la mayoría de los chicos se acercan porque piensan que eres hermosa o porque se sienten atraídos por ti de alguna manera. Eso no significa que tienes que usar ropa seductora, usar toneladas de maquillaje y tratar de llamar la atención. Si algo debes poner en práctica, es acerca de tu apariencia cuando sales. ¿Estás cepillando tus dientes y arreglando tu pelo? ¿Estás quitando el vello no deseado de tu cara (cejas, labios)? ¿Utilizas ropa decente y de buen gusto? ¿Cuidas tu piel? No hay nada malo en invertir en un buen tratamiento facial de vez en cuando. Amiga, si tu no te estás cuidando y amando a ti misma, ¿cómo vas a cuidar y amar bien a alguien más?

Si usas maquillaje utilízalo con confianza. El maquillaje no es un pecado. Lo importante es tener claro el motivo de su uso. ¿Lo estás haciendo como algo divertido y femenino para aliviar el estrés y ganar confianza? Eso está bien. Si usas maquillaje para ganar toda tu confianza o buscar atención, tal vez necesitas echar un vistazo a tu corazón: "¿Por qué no tengo confianza sin maquillaje?" "¿Mi identidad depende del maquillaje?" Verás, lucir presentable desde el exterior no es algo malo cuando siembras en tu carácter y examinas tus motivos. Y si no usas maquillaje, yo no estoy diciendo que tienes que empezar a usarlo. Si te sientes segura de ti misma en tu propia piel sin necesidad de retocarte, igual te admiro.

Tomemos como ejemplo la historia de Rut en la Biblia. Como sabes, Rut era una moabita casada con uno de los hijos de Noemí.

SALUD FÍSICA

El esposo y los hijos de Noemí murieron en Moab. Ella se dirigió hacia Belén con su nuera, Rut. Allí Rut contrajo matrimonio con Booz, su pariente redentor. ¿Pero cómo llegó hasta allí? Además de ser fiel a Noemí y ser una sirvienta confiable, ella consideró su apariencia física.

> *"Así que báñate y perfúmate, y ponte el mejor de tus vestidos, y ve a la era; pero no te presentes ante ese hombre hasta que haya acabado de comer y de beber".*
> —Rut 3:3

Noemí no le dijo a Rut que fuera a ver a Booz después de trabajar todo el día en el campo. Ella sabía que era importante cuidar su cuerpo y presentarlo bien. Otro ejemplo es la reina Ester. Antes de que ella tuviera acceso a la realeza, vivía con su primo Mardoqueo en Susa, donde el rey estaba en busca de una nueva reina. Ester calificó como contendiente por ser una hermosa virgen. Fue llevada al palacio junto con todas las otras mujeres para prepararse y ser presentada delante del rey. Para estar en presencia del rey, tenía que completar 12 meses de tratamientos de belleza. ¡Imagina eso!

Además de cuidar la apariencia física, estas dos mujeres siguieron al pie de la letra el consejo e inspiración de sus instructores. Rut y Ester, escucharon el consejo de los que conocían bien el terreno. Rut siguió con precisión el plan de Noemí y terminó casándose con Booz. Ester aceptó el consejo de Hegai, el eunuco a cargo de los harenes, y fue nombrada como reina. Con la ayuda de Hegai y la gracia de Dios, Ester se destacó entre la multitud. La Biblia dice: *"ninguna cosa procuró Ester sino lo que dijo Hegai eunuco del rey, guarda de las mujeres; y ganaba Ester el favor de todos los que la veían"* (Ester 2:15). Pero qué si Ester se hubiese comparado y hubiera codiciado los accesorios, el maquillaje y las fragancias que utilizaban las demás chicas.

Aquí hay varias lecciones. Primero, escuchar consejos sabios es un paso importante para alcanzar grandes cosas en la vida; ya sea decidas ser una persona soltera realizada, o eventualmente estar casada. Segundo, en lugar de copiar la personalidad de otra mujer, mira la belleza que tú portas. Busca tu propio tesoro. No necesitamos dos iguales. Necesitamos que seas tú y que corras tu propia carrera. Finalmente, a veces menos es más. No tienes que usar una tonelada de maquillaje, accesorios enormes, un peinado salvaje y un atuendo provocativo para llamar la atención de los hombres. Definitivamente, encontrarás atención pero no resultará en lo que deseas —alguien quien te valore y trate con honor. Amiga, el hombre indicado va a amar tu apariencia exterior. La apariencia exterior es simplemente la puerta que abrirá el camino para conocerte. Sin embargo, la verdadera sorpresa está dentro de tu corazón. Recuerda, cuida tu cuerpo e invierte en tu belleza interior.

Oración final

Padre, reconozco que este cuerpo es Tuyo y que es templo vivo del Espíritu Santo. Oro para recibir dominio propio y elegir los alimentos correctos para nutrir tu templo de manera saludable. Gracias, Señor, por darme la fuerza y la sabiduría para cuidar de mí en este cuerpo que te pertenece y tener la fuerza para glorificarte en la tierra. Amén.

CAPÍTULO 7

Encuentra tu identidad y llamado

Identidad. Eso es lo que eres y lo que te hace distinta a los demás. La identidad siempre fue muy especial para mí. Durante la mayor parte de mi vida no conocía mi identidad. La mayor parte de mi infancia y adolescencia, enfoqué mi atención en ser una buena hija y estudiante. Mi identidad estaba profundamente afianzada en el desempeño. Siempre fui parte del grupo de A, diplomas y reconocimientos. Realmente, no dediqué tiempo a mis años de escuela secundaria o universidad para saber en qué era buena, ya que estaba ofuscada en estudiar, obtener una beca y ser una estudiante sobresaliente. Después de terminar todos mis estudios, me sentí vacía. ¿De dónde iba a sacar mi valor ahora que la escuela había terminado? No más exámenes que aprobar ni becas que obtener. Ya no tenía libros para esconderme. Ya no tenía una +A para luchar por mi identidad.

Estaba ansiosa por descubrir quién era y decidí probar muchas cosas para identificar qué me gustaba y en qué era buena. Me conecté a una iglesia de levitas cuya misión era ministrar al Señor. La mayoría de la gente cantaban o tocaban instrumentos. Decidí aprender a tocar el piano. Conseguí un teclado usado y le pedí a un amigo que me enseñara. Lamentablemente, el piano no era para mí. Me rendí después de una semana. Intenté enseñarles a los niños acerca de Jesús en la escuela dominical. Aun así, necesitaba que me respondieran para sentirme validada. De esta manera sabía que estaban interesados en la clase. Intenté cuidar de las flores y no dio resultado. Maté a una suculenta. Intenté aprender caligrafía pero, después de clases, nunca toqué la pluma. También serví en el equipo de bienvenida y limpieza de la iglesia. Aunque me gustaba servir, reconocía que tenía más para dar. Intenté ser una dulce animadora como una de mis amigas. Esa no era yo. Verás, estaba tratando de ser otra persona en lugar de preguntarle a Dios quién era yo. Lo único que hice consistentemente durante dos años fue enseñar a una niña que pertenecía al grupo de los nuevos creyentes pero, todavía no podía ver la imagen completa de mi propósito.

Finalmente, una mujer de la iglesia me dio una palabra profética. Ella dijo: "Haz hecho de Dios el centro de tu vida, y por eso, Él te mostrará tu identidad y te llevará a donde quieras. Tu rostro resplandecerá con el semblante de la gloria del Señor". Me quedé estupefacta. Pasé muchas noches preguntándole a Dios: "¿Por qué me hiciste?" Un día me desperté y Dios descargó una de mis pasiones: ministrar a las mujeres. Finalmente he alcanzado el otro lado y puedo decir que conozco parte pero, no todos mis talentos, ya que Dios revela en partes.

En primer lugar, soy hija del Altísimo y fui comprada por un precio muy alto. Soy realeza. Sierva de Dios. Yo soy una hija de Dios diseñada para hablar la verdad con valentía en amor; que se goza en animar y desafiar a las mujeres a vivir una vida de propósito, fe y pureza. También soy una luz en lugares oscuros y me deleito en orar por otras personas.

Con toda esta revelación vinieron oportunidades para servir al Señor. Verás, si no tienes tu identidad profundamente arraigada en Jesús y lo que Él dice de ti, serás inconstante e insegura. Cualquier comentario te hará temblar. Una vez que mi identidad se estableció en una roca firme, abrí una página de Instagram (@living_setapart) para animar y desafiar a mujeres, escribí este libro, apliqué para ser parte del ministerio profético de la iglesia, y se me pidió que ayudara con las noches de oración. Todo esto no sucedió de inmediato. La promesa de Dios sobre mi identidad fue dada en el 2017 y apenas comienzo a ver el fruto de esa palabra.

Estoy en una temporada en la que sé que mi valor está en Jesús y no en mi desempeño. Estoy en una temporada donde conozco a Jesús, así que no tengo miedo de dar un paso al frente o de fallar. Estoy en una temporada donde no baso mis acciones en el miedo a la gente. He aprendido que cuando desarrollas temor a Dios, el temor a las personas disminuye. Si Dios está contento, yo estoy satisfecha. No fui creada para agradar a la gente, sino para servir y agradar a Dios.

Si no estás segura de quién eres pídele a Dios que te muestre. Él te creó. Te formó en el vientre de tu madre con gustos, disgustos, cosas en las que eres buena y una personalidad. Entonces, ¿cómo encuentras quién eres realmente? Primero, pídele a Dios que te revele tu identidad. Luego ve a Su Palabra, la Biblia, y declara esas verdades sobre ti misma. Efesios es un gran libro para comenzar. Una vez que tengas esa base firme, lánzate por cosas nuevas. Observa dónde tu corazón se despierta y qué le apasiona.

Mientras lo haces , no te pongas celosa de los dones y las cualidades de otras personas. Mejor aún, celebra esas cualidades. Dios tiene suficientes dones, talentos y unción para todos. No necesitas ser como tu amiga. Necesitas ser tú. Te necesitamos para expresar a Dios en tu manera única. Por eso Dios te escogió para estar aquí en la Tierra. Él es intencional con lo que creó. También te animo a que revises los miedos dentro de ti. Por ejemplo, toda mi vida lidiaba con la inseguridad que aparecía como miedo a la gente, miedo a orar en público y miedo a ser demasiado vulnerable. Ahora veo que todos esos miedos eran tácticas del enemigo para tratar de opacar lo que Dios ha planeado para mi vida. Ser vulnerable, valiente y ferviente en la oración son atributos que necesito para mi llamado.

En 1 Corintios 12 donde Pablo habla de cómo nosotros (la iglesia) somos un cuerpo con diferentes partes que son esenciales para prosperar. Si quieres ser como otra persona, perderíamos la parte esencial de lo que tienes para ofrecer.

> *"Si todo el cuerpo fuese ojo, ¿dónde estaría el oído? Si todo fuese oído, ¿dónde estaría el olfato? Mas ahora Dios ha colocado los miembros cada uno de ellos en el cuerpo, como él quiso. Porque si todos fueran un solo miembro, ¿dónde estaría el cuerpo?"*
> —1 Corintios 12:17-19

También es importante saber que tu identidad no proviene de tu estado civil, tu posición, tu nivel socioeconómico ni de lo que otros dicen de ti. Jesús es donde encuentras tu identidad. Pero, ¿cómo puedes saber si tu identidad está en algo más que Jesús? Amiga, busca en tu corazón, asóciate con el Espíritu Santo y pregúntate: "¿Estoy obteniendo mi valor de algo o alguien que no sea Jesús? Dios solo revela para sanarte, no para condenarte.

Si estás siendo sacudida por el rechazo de un chico, estás colocando tu valor en la opinión que un chico tiene de ti. El rechazo no determina tu identidad. A veces, el rechazo de un hombre es la redirección de Dios. Solo porque un chico no te encuentre atractiva o no te invite a salir, no significa que no vales nada.

No le tienes que gustar a todos los chicos. Tu valor viene de arriba. Deja de cuestionar qué hay de malo en ti. Si un chico no mostró interés en conocerte bien, simplemente, nunca le interesó el compromiso del matrimonio. Y eso está bien. Es mejor saber ahora y evitar casarse con la persona equivocada. Mientras tú camines en obediencia y rindas tus deseos a Dios, recibirás lo que el cielo tiene preparado para ti. Deja de pensar que perdiste tu oportunidad debido a errores del pasado. El pasado no tiene más peso que el Dios Todopoderoso.

ENCUENTRA TU IDENTIDAD Y LLAMADO

Tu identidad no la determina tu apariencia, tu posición o cuánta atención recibes en las redes sociales. Tú eres una hija de Dios creada con un propósito: dar a conocer a Dios. Oro para que tus ojos se abran a la revelación de Su amor por ti. Habla, declara y cree Su verdad sobre tu vida. Aquí algunos ejemplos de declaraciones para derramar en tu espíritu:

- Te alabo porque soy una creación admirable. (Salmo 139:14)
- Estoy profundamente arraigada en el amor de Cristo. (Efesios 3:17)
- Soy la favorita de Dios. (Salmo 30:7)
- Soy merecedora de ser amada y de un trato digno. (Efesios 5:25)
- Escucho la voz de Dios con facilidad. (Juan 10:27)
- Soy exageradamente amada por Jesús. (Romanos 5:8)
- Estoy llena de gozo y paz. (Juan 14:27)
- Cambio atmósferas con mi fe. (Mateo 17:20)
- Ofrezco claridad en situaciones confusas. (Santiago 1:5)
- Tengo la mente de Cristo. (1 Corintios 2:16)
- Soy impactante y estoy llena de sabiduría. (Santiago 1:5)
- No vivo por mis sentimientos sino por el Espíritu. (Proverbios 29:11)
- Camino en santidad y pureza (1 Pedro 1:15-16, Salmo 24:3-4).
- Ningún error es demasiado grande que el amor de Dios no pueda soportar. (Salmo 25:7, Hebreo 8:12).
- No me conformo con menos de lo que Dios ha ordenado para mí. (Isaías 55: 2)
- Traigo luz a los lugares oscuros y expongo la oscuridad (Efesios 5: 8-13).
- Soy rápido para escuchar, lenta para hablar y lenta para enojarme. (Santiago 1:19)
- Soy más que un vencedor por Cristo que me fortalece. (Romanos 8:37)
- No solo de pan vive el hombre, sino de toda palabra que sale de la boca de Dios. (Mateo 4:4)

- Fui creada para cumplir una misión importante en esta tierra. (Jeremías 1:5, 29:11)
- He elegido la mejor parte y no me someto a amantes menores. (Lucas 10:42)
- Soy un linaje escogido, real sacerdocio, nación santa, pueblo adquirido por Dios. (1 Pedro 2:9)
- No me comparo con otras mujeres. Las amo y las empodero. (Gálatas 5:26, 6:4-6)
- No acepto las costumbres de este mundo. Me transformo por medio de la renovación de mi mente. (Romanos 12:2)
- He sido elegida y designada para cosas extraordinarias. (1 Pedro 2:9, Jeremías 1:5, Efesios 3:20)
- El rechazo de otras personas no dictan mi valor. Yo soy una hija de Dios. Soy amada y aceptada por el único y verdadero Rey. (Efesios 1:3-6)

Propósito vs. Llamado

El Padre nos plantó en la tierra para tener comunión con Él. Dios creó a Adán y a Eva para que pasaran tiempo juntos en el jardín. Dios de hecho, caminó en el jardín con ellos. Esa relación también aplica a nosotros. Hoy contamos con un compañero aún mejor. Cuando Jesús se fue de la Tierra, nos dejó al Espíritu Santo Consolador para que viviera en nuestro corazón. ¿Qué mayor intimidad y compañerismo puede haber? Creo firmemente que Dios nos llamó y eligió para darlo a conocer.

> *Jesús se acercó y les dijo: "Toda autoridad me ha sido dada en el cielo y en la tierra. Por tanto, vayan y hagan discípulos en todas las naciones, y bautícenlos en el nombre del Padre, y del Hijo, y del Espíritu Santo. Enséñenles a cumplir todas las cosas que les he mandado. Y yo estaré con ustedes todos los días, hasta el fin del mundo".*
>
> —Mateo 28:18-20

Cuando Jesús ascendió al cielo, envió a los doce para hacer discípulos en todo el mundo y enseñar sus caminos. Amiga, Dios te creó para brillar intensamente con tu luz. ¿Cómo alumbras con tu luz? La luz de Jesús brilla en ti dándolo a conocer por medio de tu llamado. Actualmente, trabajo como dietista para niños con discapacidad y retraso en su desarrollo. Imagina cuántas familias atiendo todos los días. Sé que Dios me ha posicionado allí para amar y apoyar a estas familias. En el transcurso del proceso de descubrir mi identidad, mantuve una postura de oración, amando a las familias y sus situaciones. Postré mi corazón en el lugar de servicio ejerciendo lo que Dios me envió a hacer. Recuerda, tu llamado es donde te encuentras ahora y con las personas que Dios te a rodeado. A veces nos obsesionamos tanto con llegar, subir a una plataforma y ser reconocidas que abandonamos nuestra temporada actual. Pero, si Dios no puede confiarte lo poco, ¿cómo puede confiar en ti lo mucho? Tu llamado puede que parezca ser el de una predicadora. Para otras, el llamado puede ser motivar a alguien en el trabajo, orar por otros, dirigir un estudio bíblico o equipar a la Iglesia. Para mí, es ser luz en lugares sin esperanza. Orando, animando a mis pacientes y a sus familias. Es animar a las mujeres y recordarles su propósito y valor. Si estás lista para saber qué quiere Dios que hagas, entonces, pídale que comience a revelar Su llamado en tu vida. La Biblia dice que Él ha plantado el sentido de propósito en nuestras vidas.

> *En su momento, Dios todo lo hizo hermoso, y puso en el corazón de los mortales la noción de la eternidad, aunque éstos no llegan a comprender en su totalidad lo hecho por Dios.*
> —Eclesiastés 3:11 (RVC)

Para aquello que eres buena, usualmente es como Dios te ha diseñado para que anuncies Sus Buenas Noticias. Ya sea como una instructora de ejercicios o una maestra que ora y le habla la verdad a sus estudiantes sobre su identidad. De cualquier manera, estás haciendo brillar tu luz alrededor. Considera Efesios 4:1-3 donde Pablo nos desafía a vivir una vida digna del llamado que Dios ha designado para nosotras:

> Yo, que estoy preso por causa del Señor, les ruego que vivan como es digno del llamamiento que han recibido, y que sean humildes y mansos, y tolerantes y pacientes unos con otros, en amor. Procuren mantener la unidad del Espíritu en el vínculo de la paz.

No sé ustedes pero, yo quiero realizar completamente lo que Dios ha planeado para mí. Quiero que Dios se enorgullezca y me diga "¡Bien hecho, hija!". No quiero desperdiciar las oportunidades que me brinda. Quiero complacerlo. Verás, creo que no hay nada que podamos hacer ni error que podamos cometer que haga que Dios nos ame más o menos. A decir verdad, yo sí creo que debemos hacer un esfuerzo para agradarle. Tener fe y obedecerlo en amor.

No comprometa su propósito y su llamado

Vayamos a la historia de Esaú y Jacob, los hijos de Isaac y Rebeca. Esaú era el primogénito, por lo cual le pertenecía la bendición de la primogenitura, un derecho otorgado desde el nacimiento al primer hijo varón. El primogénito tenía derecho a recibir el doble de los bienes materiales de la familia y convertirse en el próximo líder generacional. A Esaú le gustaba cazar. Por otro lado, Jacob prefería quedarse en casa. Un día Esaú llegó cansado del bosque con mucha hambre, mientras, Jacob preparaba un guiso. Así que pidió un poco a su hermano. Jacob vio que su hermano Esaú estaba muy hambriento. En ese momento Jacob le pidió a Esaú que le vendiera sus derechos de hermano mayor a cambio del guiso. Esaú no dudó en hacerlo y cedió toda su herencia. En otras palabras, arriesgó su futuro por satisfacer una necesidad fisiológica. Pero, "Janelle, ¿que tiene que ver esto en mi caminar con Dios?" Esta historia describe cómo comprometemos lo mejor de Dios buscando satisfacer los deseos carnales. El deseo carnal de Esaú comenzó con hambre. Cuántas veces, nosotras las solteras, deseamos comprometernos solo para tener a alguien, tomarlo de la mano y presentarlo en casa durante los días festivos. Permíteme llevarlo un poco más lejos. ¿Cuántas de nosotras hemos comprometido la pureza por un plato de sopas? Nena, no vale la pena. Únicamente, porque todos tus amigos están saliendo y se van a casar no significa que sea el momento adecuado para ti. Haz tu parte. Fija tu mirada en Jesús y no dejes perder tu bendición. El matrimonio es la segunda decisión más importante después de aceptar a Jesús como tu Señor y Salvador. Cuando Dios junta a un hombre y a una mujer para iniciar una relación, el enfoque es a propósito. Dios tiene un plan para que le sirvan. ¿Por qué comprometer el plan que ya Dios tiene ordenado para tu matrimonio o generaciones futuras? La obediencia de hoy es la puerta abierta del futuro. Cuando enfrentes la tentación. Haz una pausa y busca Su perspectiva. ¿Cederás rápido a la tentación? ¿Practicarás dominio propio o la gratificación inmediata? No dejes que tus sentimientos tomen el control del timón. Aunque tus sentimientos sean reales, tú decides hasta qué punto dominan tus acciones. Recuerda, Dios los unió y destinó en esta tierra con una misión. ¿Podrías esperar pacientemente a que Dios provea mientras cumple su misión?

El tiempo de Dios para la activación de su llamado

No te desanimes si la promesa no se cumple rápidamente. La mayor parte del tiempo, Dios planta la semilla para crecer y madurar. Todo se cumplirá a su debido tiempo si continúas apoyándote en Él, siguiendo Su Espíritu y obedeciendo. En el 2017 recibí la palabra sobre mi identidad y apenas comienzo a ver el panorama. Estuve alrededor de dos años siendo intencional con Dios, obedeciendo su voz y dejando que me moldeara. No espere que una promesa sea cumplida a tiempo de microondas. Dios prefiere las ollas de cocción lenta. Piense en David. El rey David supo que fue llamado para gobernar a Israel. No obstante, esta promesa tardó quince años hasta el tiempo de cumplimiento. En el momento en que escribió el Salmo 57, estaba siendo perseguido por el rey Saúl. ¿David se quejó, perdió la esperanza o se rindió? No. David confió en su Dios cumpliría la promesa sobre su vida.

> *"Clamaré al Dios Altísimo,*
> *al Dios que cumple en mí su propósito".*
> —Salmo 57:2

Dios habla al reino espiritual antes de manifestar promesas en el ámbito natural. Dios le dijo a David que sería rey, pero David esperó varios años antes de sentarse en el trono. ¿Por qué Dios hace esto? Porque utiliza dicha temporada de espera para moldear y prepararnos para la promesa, y en el período de espera, Él desea que utilicemos las promesas que ya Él habló sobre nosotros como un ancla para seguir presionando hacia adelante. Nena, te animo a que llenes tu mente y tu alma con versos de la fidelidad de Dios. Estos son algunos versículos clave:

> *"Tú, Señor, cumplirás en mí tus planes;*
> *tu misericordia, Señor, permanece para siempre.*
> *Yo soy creación tuya. ¡No me desampares!"*
> —Salmo 138:8

> *"Estoy persuadido de que el que comenzó en ustedes la buena obra, la perfeccionará hasta el día de Jesucristo".*
> —Filipenses 1:6

> *"Nosotros somos hechura suya; hemos sido creados en Cristo Jesús para realizar buenas obras, las cuales Dios preparó de antemano para que vivamos de acuerdo con ellas".*
> —Efesios 2:10

También te animo a que saques a Dios fuera de la caja de cómo crees que sucederán las cosas y lo que crees que Él tiene para ti. Sus caminos no son nuestros caminos. Él puede usar cualquier cosa que le entregues y convertirlo en algo hermoso. Lo creas o no, era una chica tímida, introvertida y con baja autoestima. Yo sabía de Dios pero, no lo conocía íntimamente. Era tan tímida que yo tenía miedo de orar en voz alta y decir el nombre de Jesús. Mi asignatura menos favorita era el inglés. No me gustaba escribirlo. Tampoco pensé que fuera creativa. ¿Quién hubiera pensado que Dios iba a encender una pasión dentro de mí para enseñar su valor a las mujeres a través de las redes sociales o escribir un libro sobre cómo vivir consagrada durante la soltería? Así es como Dios obra de formas inusuales.

No te reprimas una vez se revele tu llamado

Una vez que hayas encontrado la pasión que Dios ha puesto en tu corazón, sé obediente a ella. A veces quedamos atrapados en lo que piensa el mundo: "Si realmente hago esto, ¿seré demasiado raro?" o "Ya hay demasiada gente haciendo lo mismo". Tu depósito es significativo y vale la pena. No pongas en poco tu llamado. Hay algunas personas que puedes alcanzar con tu visión. Sé obediente al llamado de Dios. Cuando nosotros estemos delante de Dios, no seremos juzgados según lo que hicimos, sino según lo que fuimos llamados a hacer y si lo hicimos. Mira en los siguientes versos:

> *Pero ya sea que estemos ausentes o presentes, siempre procuramos agradar a Dios. Porque es necesario que todos nosotros comparezcamos ante el tribunal de Cristo, para que cada uno reciba según lo bueno o lo malo que haya hecho mientras estaba en el cuerpo.*
>
> —2 Corintios 5:9-10 (RVC)

> *Cuídense de no echar a perder el fruto de nuestro trabajo; procuren más bien recibir la recompensa completa.*
> —2 Juan 1:8 (NIV)

Aguanta la carrera y obtén la recompensa completa. Dios ya ha planeado lo que estás destinada a hacer y ha puesto ese deseo en tu corazón. No te dejes llevar por este mundo ni vivas complacientemente. Sé que es difícil salir de tu zona cómoda pero, no dejes de soñar con Él. No endurezcas el corazón ante sus planes. No te pongas demasiado cómoda donde estás que olvides vivir tu misión. Yo te animo a que busques el rostro de Dios para obtener una revelación de su voluntad para tu vida. No importa lo que Él te haya llamado a hacer, sé la mejor en eso y recuerda que la obediencia agrada a Dios más que el sacrificio.

Dios es tan intencional que sopló un llamado y propósito tan grande y específico en ti y en tu futuro esposo por separado. Al momento en que se unan se multiplicará y expandirá. Amiga, cuando el propósito y la visión de tu esposo y tu vida se unan, podrás impactar y alcanzar a más personas para la gloria de Dios. Mi oración es que anheles más el propósito que las mariposas. Ya ves, las mariposas son fugaces. El propósito es duradero e impacta a otras personas de generación en generación. Es significativo.

Oración final

> *Padre, te agradezco por darme un propósito antes de la fundación del mundo. Tu Palabra dice que Tus planes son buenos y yo lo creo. Oro para que reveles Tu depósito en mí y ponerlo por obra en esta tierra. Yo no quiero perderlo. Gracias por darme la audacia y fuerza para hacerlo. Ato cualquier miedo a las personas. No hago alianza con el temor. Declaro que solo te temo a ti, Señor. Confío en ti. Amén.*

CAPÍTULO 8

Pureza

Una vez hayas sanado emocionalmente, tu propósito y visión comenzarán a florecer y tendrás claro a dónde Dios quiere llevarte. Abre la puerta para conocer futuros prospectos para el noviazgo. Pero antes, es importante haber procesado con Jesús el concepto del celibato. Esto parece drástico. En este caso, si no has tomado una decisión sobre tu posición en los límites de abstinencia sexual, será más fácil comprometer tu pureza una vez que te sientas tentada. Mira las siguientes definiciones del Diccionario de Cambridge.

> pureza (n): el estado de no estar mezclado con nada más.
> abstinencia (n): el acto de no hacer algo, especialmente algo que te da placer.
> célibe (adj.): no tener relaciones sexuales, especialmente porque has hecho una promesa religiosa de no hacerlo.

Sí. Todas hemos escuchado los términos pureza, abstinencia y celibato. En realidad, ¿sabemos lo que realmente significan? Cuando nos esforzamos por ser puros, decidimos no mezclarnos con lo que ofrece el mundo para estar libres de contaminación. ¿A qué se parece este concepto? A cuidar tu corazón. La Biblia nos dice: *"Cuida tu corazón más que otra cosa, porque él es la fuente de la vida". (Proverbios 4:23).*

Con lo que sea que alimentes tu corazón se manifestará en pensamientos y en acciones. Si ves programas de contenido sexual o pornografía. Escuchas música con letra inapropiada, ¿cómo esperas tener pensamientos de paz? La raíz de estas pasiones desordenadas, nacen de la lujuria. Te reto a que comiences a eliminar este tipo de contenido de tu vida y los reemplaces con música de adoración, mensajes saludables y la Palabra de Dios. Si quieres cosechar pureza, siembra contenido puro en tu corazón. Fuera de eso, una satisfacción completa en Jesús cosechará el deseo de ser célibe para Él. Y sí, el celibato tiene mala reputación, ya que la mayoría de la gente piensa que solo es para sacerdotes y monjas. La verdad es que puedes ser célibe durante una temporada y luego casarte. La abstinencia es negarse a cualquier actividad sexual por cualquier motivo; mientras que el celibato lo hace con una postura correcta del corazón para agradar a Dios.

Crecí en un hogar hispano y la abstinencia formó parte de los temas más hablados. Crecí con la idea de que era un grave error tener sexo antes del matrimonio. Me privé de las relaciones sexuales debido al miedo y a la vergüenza asociada con este tema. Como resultado, me abstuve de relaciones sexuales, simplemente, porque era lo correcto: era un espíritu religioso y una norma cultural. Incluso, escribir esta sección fue un desafío para mí porque no fluía como en los demás capítulos. Le pregunté al Espíritu Santo por qué, y me dijo: "Porque no lo estás viviendo". Me sorprendió. Inmediatamente supe que Dios contestó. Es porque nunca he tenido relaciones con un chico y por tal razón no es una vivencia para mí. Él dijo: "Conoces el legalismo detrás de la abstinencia pero, no has visto mi corazón al respecto". Estaba caminando en el espíritu religioso de la abstinencia en lugar de saber la solución y la gracia que Dios muestra para ello.

Ahora que *conozco* a Dios íntimamente, tengo una revelación más profunda de Su intención de proteger el sexo para el matrimonio. He decidido vivir en celibato para Él hasta que conozca a mi esposo y hagamos un pacto. Lo ves, Dios creó el sexo y es bueno. No hay nada de qué avergonzarse. El plan de intimidad de Dios comenzó cuando hizo a Eva específicamente para Adán. La Biblia dice que era un solo Ser. Mateo 19:6 dice: *"Así que ya no son dos [esposo y esposa], sino un solo ser. Por tanto, lo que Dios ha unido, que no lo separe nadie"*. Cuando la Biblia menciona "unidos en uno" o "una sola carne" significa que el hombre y la mujer son uno tanto emocional como físicamente. Es un acto poderoso y especial, por lo que Dios quiere protegerte de tener esta experiencia con varias personas.

Dios quiere que tengas sexo en el momento adecuado con la persona correcta. Dios no niega las cosas buenas *(Salmo 84:11)*, pero Él es un Dios que tiene una temporada y un tiempo para todo *(Eclesiastés 3:11)*. ¡Confía en Él! El hecho de que no esté sucediendo ahora mismo no quiere decir que no sucederá más adelante. Es como un niño que intenta conducir un automóvil. Sus padres dicen que es demasiado joven y que llegará su hora. Si sus padres lo dejaran conducir, probablemente, sufriría un accidente automovilístico y se lastimaría a sí mismo y a los demás. Lo mismo sucede cuando participamos en actividades sexuales y en sexo antes del matrimonio. Tu pareja y tú saldrán lastimados ya que están compartiendo una experiencia íntima con la que fuiste creada para compartir con una persona.

En el Cantar de los Cantares, el rey Salomón nos advierte que no despertemos el amor antes de que sea tu momento.

"Doncellas de Jerusalén, yo les ruego,
que no despierten a mi amada,
¡que no interrumpan su sueño,
mientras ella se complazca en dormir!"
—Cantar de Cantares 8:4

¿Qué significa esto? Salir antes de estar lista para comprometerte al matrimonio; tener relaciones sexuales antes del matrimonio. Alimentar conversaciones emocionales y profundas con un hombre que no está en una relación contigo. Pablo habla de la pureza en

Efesios 5 y 1 Tesalonicenses 4 donde se dirigía a dos iglesias. Él nos desafía a ser libres de cualquier inmoralidad e impureza sexual al aprender a controlar nuestros cuerpos. Lee los siguientes versículos:

> *"Entre ustedes ni siquiera deben hablar de inmoralidad sexual, ni de avaricia, ni de ninguna otra clase de depravación, pues ustedes son santos. Tampoco digan obscenidades, ni tonterías ni palabras groseras. Eso no es conveniente. En vez de eso, den gracias a Dios. Ustedes bien saben que ninguno que sea libertino, inmundo, o avaro (es decir, ningún idólatra), tendrá parte en el reino de Cristo y de Dios".*
>
> —Efesios 5:3-5

> *"La voluntad de Dios es que ustedes sean santificados, que se aparten de toda inmoralidad sexual, que cada uno de ustedes sepa tener su propio cuerpo en santidad y honor".*
>
> —1 Tesalonicenses 4:3-4

¡Ouch! ¿Por qué crees que Pablo era tan cauteloso y severo con esto? Primero, Pablo entendía que el pecado sexual no era únicamente pecar contra Dios. También *contra tu propio cuerpo* (1 Corintios 6:18). Me atrevo a tomar esto más allá y sugerir que estaríamos pecando contra nuestro futuro esposo también. Segundo, Pablo entendió que lo que Dios creó fue algo especial y poderoso. El sexo crea un vínculo emocional. Durante las relaciones sexuales, liberas una hormona llamada oxitocina. Dicha hormona causa felicidad. Esa hormona aumenta los sentimientos de confianza e intimidad hacia tu pareja. No sé tú pero, no quiero sentir así por nadie excepto por la persona que Dios tiene para mí.

Tener relaciones sexuales dejan muchas heridas a su paso que deben ser sanadas antes de conocer al hombre correcto. Cuando tienes sexo, comprometes tu espíritu, alma y cuerpo, causando algo llamado, ligadura del alma. Esto produce mala conexión entre ambos. Amiga, no alargues el proceso de sanidad más de la cuenta. Apóyate en Dios para que sea tu fuerza y sabiduría. Un chico que se preocupa por ti quiere llevarte al altar sin mancha. Al contrario: respetaría, honraría y querría lo mejor para ti. Sé que algunas de ustedes se plantean lo siguiente: "*¿Qué tal todo lo demás además del sexo?*" Si tienes que preguntar si algo es permitido, entonces probablemente esté demasiado lejos. Mira lo que dice la Biblia.

> "*Amémonos unos a otros con amor fraternal; respetemos y mostremos deferencia hacia los demás*".
>
> —Romanos 12:10 (RVC)

> "*No reprendas al anciano, sino exhórtalo como a un padre; a los más jóvenes, como a hermanos; a las ancianas, como a madres; a las jovencitas, con toda pureza, como a hermanas*".
>
> —1 Timoteo 5:1-2

La Biblia no tiene un manual de instrucciones para salir en citas y conocer a gente, ya que esto no existía en tiempos bíblicos. Lo único que Dios nos dice es que nos amemos y respetemos unos a otros como hermanos y hermanas. ¿Cómo es esto? Bueno, no hagas nada que no le harías a tu hermano. Se supone que durante la temporada de citas debes conocer bien la intención de esa persona. Formula las siguientes preguntas: "¿Me gusta estar cerca de esta persona?" "¿Puedo mantener una conversación con él?" "¿Tiene creencias similares?" Si ni siquiera puedes mantener una conversación y no comparten intereses en común, ¿qué te hace pensar que una relación matrimonial tendrá éxito? El sexo es simplemente una parte del matrimonio. Hablar, compartir y vivir juntos constituyen la mayor parte. No dejes que el contacto físico y el cruce de límites interfiera con tu juicio y proceso de evaluación durante la temporada de salir en citas.

Te reto a que lleves esto más allá del sexo. ¿Por qué no vivir puramente para Dios en cada área? En lugar de decidir dejar el sexo solo para el matrimonio, ¿por qué no abstenerse de todas las cosas que pueden conducir al sexo? El sexo comienza con tu mente. ¿Estás dejando que tus pensamientos se vuelvan locos sobre un chico que consideras sexy? ¿Estás siendo lujuriosa cuando ves a un hombre atractivo? ¿Dejas que los chicos te besen y sientan tu cuerpo? ¿Te estás masturbando o mirando pornografía? Yo sé que ante los ojos de Dios ya somos puras debido al sacrificio de Cristo. Esto no significa que debamos vivir sin hacer ningún esfuerzo. La Biblia dice: *"Bienaventurados los de limpio corazón, porque ellos verán a Dios (Mateo 5: 8)*. La pureza que practiques durante la temporada de soltería rendirá frutos durante el matrimonio. Habrás alcanzado el autocontrol que necesitas para mostrar gracia. Tampoco tendrás que lidiar con pensamientos falsos sobre tu identidad y exparejas.

Si ya no eres virgen; si has participado de actividades sexuales y no has cuidado de tu pureza. Hoy estás a tiempo para establecer tu compromiso. Dios es un Dios de amor, misericordia y segundas oportunidades. Su amor es fuerte. Es poderoso. Es implacable. No retrocede ante las situaciones difíciles. No corre cuando cometes un error. En cambio, es insistente. Se mantiene firme. No te deja ir. Entonces, si estás lista para comprometerte y quieres vivir consagrada para Dios al proteger tu inocencia, cuerpo y corazón, repite esta oración conmigo:

> *Dios, gracias por amarme incondicionalmente. Perdóname por pecar contra ti y contra mi cuerpo. Perdóname por no vivir a la altura de mi valor. He terminado de vivir la vida a mi manera y de poner en juego mi pureza. A partir de hoy, elijo vivir para ti. Sé mi fuerza para vivir una vida santa. Derrama tu sa-*

PUREZA

biduría para discernir lo bueno de lo malo. Te entrego todas las experiencias y pensamientos que tengo de relaciones pasadas que no te complacieron. Gracias por restaurar mi pureza y hacerme blanca como la nieve. Quiero ser completamente Tuya antes que yo sea de un hombre. Ven cerca. Persigueme. Te amo.

Si hiciste esta oración cree que tu pureza ha sido restaurada. ¡Alégrate! Proteger tu pureza puede que no sea tarea fácil; más confío que con Dios a tu lado tendrás la fuerza. Puedes hacerlo. También debes comenzar a elegir a tus amigos sabiamente. Algunas personas te juzgarán y dirán que eres aburrida y anticuada por elegir la pureza. A menudo esa crítica viene de personas que no tienen una relación con Jesús o que se sienten mal consigo mismos y quieren que tú te sientas igual.

La Biblia dice que *"tu enemigo es el diablo, y él anda como un león rugiente, buscando a quien devorar"*. *(1 Pedro 5: 8)*. ¿Qué significa esto? Significa que necesitas una estrategia para proteger tu pureza. Estas son algunas estrategias clave:

1. Rodéate de mujeres cristianas con los mismos valores que puedan apoyarte en esta temporada.
2. Cuenta con una amiga que te mantenga firme en tu decisión y comparte tus dificultades con ella.
3. Cuidado con la exposición a programas de televisión, películas, música e imágenes.
4. Establece tus límites físicos antes de compartir con alguien. Tú conoces cuáles son tus áreas débiles.
5. Sé consciente de tus pensamientos y no permitas que te guíen a donde quieran. Tú tienes el control de ellos.

Aunque permanecer célibe para Dios es algo maravilloso quiero dejar algo claro. El objetivo final de abstenerse del pecado sexual no es recibir una palmada en la espalda como premio por seguir las reglas. No es para cumplir con la etiqueta cristiana. Tampoco es para sentirse superior a los demás o para conseguir un premio. Amiga, el premio real es encontrar a Jesús como tu amado. Cristo puede satisfacer, incluso, tus deseos carnales. Yo sé que suena difícil de entender. Ciertamente, Él es la única fuente de agua viva. La biblia nos dice que *"el que beba del agua que yo [Jesús] le daré, no tendrá sed jamás"* (Juan 4:14). Una vez que te cases con Jesús y lo hayas invitado a tu vida, diciendo "Sí, acepto". Haciendo un pacto con Él, debes buscarlo para satisfacerte. Fuera de esta relación tendrás la fuerza para ejercer dominio propio, que es fruto del Espíritu.

Amiga, cuando bebes de la verdadera fuente de vida y de la real agua que satisface, ya no tienes sed de lo insaciable y de aguas temporales de amantes menores. Finalmente, Jesús nos dice: *". . . pero el que beba del agua que yo le daré, no tendrá sed jamás. Más bien, el agua que yo le daré será en él una fuente de agua que fluye para vida eterna"* (Juan 4:14). Cuando Jesús derrama sin medida al Espíritu Santo, el agua eterna y viviente, viene a residir dentro de ti en forma de un manantial que siempre está alimentándote con agua saciante. ¿No es asombroso? Entonces, amiga, cuando tengas sed de esos amantes menores, pídele al Espíritu Santo que sacie tu sed. Él estará ahí contigo.

CAPÍTULO 9

El matrimonio

¿Qué es el matrimonio?

¡Finalmente llegamos al matrimonio! Si decidiste leer este libro supongo que deseas casarte. ¡Y eso es asombroso! El anhelo de casarse no es malo. No te avergüences de compartir tu corazón. Jesús sembró ese deseo dentro de ti. Sin embargo, tienes que evaluar lo que realmente deseas. Si el matrimonio es un ídolo dentro de tu corazón sentirás decepción. Cuando idolatramos se otorga un valor más alto que a Dios. Todas nuestras esperanzas y expectativas recaen en algo que no es su presencia. Un hombre nunca podrá satisfacer todos los anhelos de tu alma; solo Dios puede hacerlo. Dios es perfecto y no tiene defectos. Los hombres son humanos, propensos a cometer errores.

Por supuesto que el matrimonio es una bendición asombrosa. Es por eso que mi deseo es contarte los hechos y prepararte para el matrimonio, pues, a menudo relacionamos el matrimonio con un cuento de hadas. Quiero que veas el lado del que no se habla comúnmente en los "felices por siempre". El matrimonio no es una forma de graduarse de la soltería. Sí. Es increíble compartir tu vida con alguien que amas pero, debes saber que el matrimonio antepone las necesidades y deseos de otra persona primero que los tuyos. No se cumplirán todos tus caprichos. En una relación de pacto aprendes a morir a diario para hacer que tu relación prospere. Es decirle que sí a una persona todos los días. Esto incluye las veces que no sentirás atracción o no estés de acuerdo con su opinión. El matrimonio y el amor son una elección. Por supuesto, tendrás oportunidades para tomar decisiones y ser atendida. A causa de esto, habrá alguien más que debes considerar.

Déjame preguntar: ¿Cómo estás sirviendo ahora mismo para prepararte para el matrimonio? ¿Eres capaz y estás dispuesta a cocinar para otros, rotar horarios para brindar tiempo de calidad o hacer favores para ellos? Amiga, si ni siquiera puedes cocinar, mantener a tu pescado vivo, o reorganizar tus planes para pasar tiempo con alguien que disfrutas, ¿que te hace pensar que el matrimonio será más fácil? No quiero asustarte o dejar un mal sabor en tu boca sobre la realidad del matrimonio. Solo quiero abrir tus ojos a la realidad de poner a los demás primero. Estoy segura de que es un regalo dentro de ti. Dios nos ha creado con una naturaleza para cuidar y servir a los demás. Entonces, ¿estás lista para poner primero a alguien en tu vida? He escuchado esto: tu matrimonio será tan bueno como tu falta de egoísmo.

En Efesios 5:21, Pablo les dice a los esposos y esposas: "Cultiven entre ustedes la mutua sumisión, en el temor de Dios". Pablo luego va más allá y les dice a las esposas que se sometan a sus esposo como se someten al Señor. ¡Wow! Eso es mucho decir. ¿Qué significa realmente? Significa dejar ir voluntariamente la idea de aquello que a tu entender, hubiese sido la mejor solución para un problema y poder aceptar respetuosamente la decisión de tu esposo, confiando que busca ayuda del Señor. No me malinterpretes. No tiene nada que ver con una personalidad pasiva y silenciosa. El matrimonio es un esfuerzo de equipo. Quiere decir: confiar en que tu esposo tomará la mejor decisión después de escuchar el consejo de Dios, su perspectiva y la tuya. Cuando te casas con un hombre te sometes a su visión y por lo tanto, confías en que él sabe adónde Dios los guiará. ¿Recuerdas a Eva? Eva fue diseñada para ser una ayudadora. Eso significa que la unión de la mujer debe ser beneficiosa para el hombre en la misión que Dios ha depositado en ambos. No digo que renuncies a tus propios sueños y deseos, sino, que te sometas a la forma en que él está pavimentando el camino para los dos. Recuerda que llegados a este punto son una sola carne.

Miremos el matrimonio más de cerca. Además de servicio, el matrimonio es símbolo de Cristo y la iglesia. Efesios 5:25 dice a los esposos que amen a sus esposas como Cristo ama a la iglesia. El matrimonio es un pacto entre un hombre y una mujer al igual que Cristo hizo un pacto con nosotros cuando murió en la cruz por el pecado. Dios siente tanta pasión por el matrimonio que lo utilizó como una metáfora para ilustrar de manera real y visible, el amor de Cristo por nosotros. El matrimonio es una unión santa y un símbolo viviente. Piénsalo. Cristo murió como un sacrificio vivo y, por lo tanto, nos hizo puros ante los ojos del Padre. En matrimonio, haces un pacto con tu marido, y ambos inician un proceso de purificación que los asemeja a Cristo.

¿Es este hombre apto para ser un esposo?

Ahora que tienes un poco más de revelación sobre qué es el matrimonio, es posible que te preguntes esto: ¿Cómo puedo discernir si un hombre está listo para el matrimonio? Aquí hay algunas preguntas iniciales para comenzar:

- ¿Es un creyente que tiene una relación con Dios y una vida de oración?
- ¿Está conectado a una iglesia sirviendo activo rodeado de una comunidad?
- ¿Está caminando en su llamado con una visión de saber a dónde va?
- ¿Tiene carácter noble? ¿Te respeta y trata con modales?
- ¿Lava tus imperfecciones con el agua de la Palabra? Te exhorta al señalar lo que dice la Biblia sobre ciertas situaciones para levantarte en amor y hacerte pura (Efesios 5: 25-26)?
- ¿Te hace querer saber más acerca de Dios y caminar más cerca de él?

- ¿Tiene la intención de presentarte sin mancha o defecto? ¿Está protegiendo tu pureza (Efesios 5:27)?
- ¿Trata a sus padres con respeto y honor?
- ¿Tu amor se basa en una amistad? ¿Aprecias pasar tiempo con él sin necesidad de toque físico? El matrimonio es un compromiso. No sentirás mariposas todos los días.
- ¿Te atrae solo su apariencia o su apariencia y su cerebro? ¿Puedes tener una conversación con él?
- ¿Tiene claras sus intenciones o no es sincero con la situación? No tienes tiempo para alguien que no reconoce tu valor. Recuerda, Dios no es el autor de la confusión y convierte la indecisión en una sabia decisión.

CAPÍTULO 10

El esposo

¿Cómo sé quién es el hombre adecuado? Cuando llegue el momento conocerás a tu esposo y lo sabrás. Creo que Dios tiene a alguien específicamente para ti con quien caminar en esta vida pero, también sé que Dios nos ha dado libre albedrío. Con esto dicho, tienes que llegar a un punto en el que estés receptiva a lo que Dios tiene para ti. Es posible que tengas una lista de requisitos para tu futuro esposo, no obstante, asegúrate de abrir espacio para la lista de Dios. ¿Significa que puedes añadir atributos a tu lista? He escuchado diferentes historias. Algunas personas hicieron una lista con Dios y su esposo cumplió con los requisitos al 100 por ciento. Para otras personas ese no fue el caso. No se conformaron. Más bien, estuvieron de acuerdo con lo que Dios pensaba de ellos. Si decides escribir una lista, sugiero que seas flexible sin aferrarte. Por ejemplo, solo porque sueñas con un chico de ojos claros no significa que no le des oportunidad a alguien con ojos marrones. La lista debe estar ahí para recordarte lo que mereces: un hombre que ama a Dios con carácter y valores. La lista no debe estar llena de atributos físicos, ya que la apariencia no es la base de un buen matrimonio. ¿Confiarás en Dios con tus deseos? Él no te defraudará.

Dios me habló de esto a través de una experiencia. Fui de excursión con una amiga y estábamos decididas a encontrar el estanque más conocido del lugar. Caminando en círculos vimos arroyos por lo que a mi entender era el estanque. Decepcionada cuestioné, "¿Así que este es el estanque?" Entonces, alguien me dijo: "No, esto es un arroyo". Continuamos el camino. Finalmente, un hombre dijo: "Sigue adelante. ¡No lo pierdas de vista! Lo sabrás cuando lo encuentres". Y me di cuenta que así es en las relaciones. Aparecen distracciones, relaciones falsas en el camino y nos decepcionamos, pensando, "¡Wow! ¿Esto es por lo que he estado esperando?" Amiga, creo que si encuentras a esa persona, tu lo sabrás. Y no quiero decir que lo sabrás basándote solo en lo físico, sino por la compatibilidad de espíritu con la persona. Amiga, ten esperanza. Desde el principio, Dios vio tu final.

Veamos la historia de Isaac y Rebeca en Génesis 24. Isaac fue hijo de Abraham. Abraham no quería que él se casara con una mujer cananea, ya que esas mujeres eran adoradoras de ídolos y por lo tanto, Isaac estaría con un yugo desigual. Abraham envió a uno de sus siervos a su tierra natal para encontrar una esposa para Isaac. Abraham supo que era el momento en que su hijo tomara la responsabilidad como esposo. ¿Estás lista para tu responsabilidad de esposa? ¿Le has preguntado a Dios cuál es tu temporada actual? Verás, cuando sea el momento de Dios tu esposo te encontrará. Abraham no envió a su siervo ni un año antes ni después del tiempo escogido. Él estaba conectado con el tiempo de Dios. El segundo aspecto a destacar es que Abraham tenía total confianza y fe en que Dios ya había proveído.

Una vez que el sirviente llegó a la tierra natal de Abraham, comenzó a orar por una confirmación de Dios. La Biblia dice que ni siquiera había terminado orando en su corazón cuando su oración fue contestada y Rebeca entró en escena *(Génesis 24:45)*. Dios ha planeado responder a tus oraciones antes de que salgan por tu boca. Si eso no es sorpresivo, no sé qué es. El Creador del universo puso el deseo en tu corazón y ha planeado cumplirlo desde el principio de los tiempos. La Biblia dice que Dios ha anunciado desde un principio lo que está por venir y da a conocer por anticipado lo que aún no ha sucedido *(Isaías 46:10)*. Amiga, Él es el Alfa y Omega; Principio y Fin;

el Primero y el Último *(Apocalipsis 22:13)*. ¿Quién como el Señor? ¡Cobra ánimo!

Luego, Rebeca le dio agua al criado de Abraham a sus camellos y lo invitó a quedarse. El sirviente anunció a la familia el propósito de su visita; acordaron dejar ir a Rebeca y la bendijeron. Lo más importante es que Rebeca aceptó la propuesta. Cuando llegaron al Negev a la casa de Isaac, Rebeca saltó del camello y preguntó si Isaac era la persona que miraba desde lejos. La Biblia no dice esto, pero creo que se apresuró porque pensaba que era un hombre guapo.

Podemos recopilar varios puntos clave de esta historia sobre discernir cuándo es tu tiempo perfecto y si la persona es adecuada para ti.

1. **¿Estás confiando plenamente en Dios en lugar de intentar hacer que suceda por tu cuenta?** Isaac y Rebeca confiaron completamente dejando que el siervo (guiado por Dios) arreglara ese matrimonio. Dios sabe lo que es mejor para ti.
2. **¿Está sincronizado con el tiempo de Dios?** Abraham como padre reconoció que su hijo estaba listo. Cuando Dios te mira sabe que estás lista.
3. **¿La persona tiene un carácter noble?** No obtenemos mucha información acerca de Isaac pero, el sirviente evaluó el carácter de Rebeca. Creo que en lugar de tratar de encontrar a la persona correcta, nosotras, como mujeres, debemos comenzar a convertirnos en la persona adecuada. Así que veamos los atributos de Rebeca. Primero, ella era una sirvienta. Inmediatamente saludó al sirviente y fue hospitalaria. Ella era una mujer trabajadora. Ella se ofreció a darle agua a los camellos del sirviente, lo cual no es fácil de hacer. Los camellos pueden beber hasta 25 galones de agua después de una semana de viaje. Imagina cuánta agua tuvo que sacar del pozo. Evalúa a la persona y sus acciones.
4. **¿Hay otras personas a tu alrededor que confirmen que la relación es de Dios?** En la Biblia vemos cómo la familia de

Rebeca estuvo de acuerdo con el plan confiando en que el arreglo vino de Dios. Es importante llevar a esa persona cerca de tu comunidad y familia. Durante el tiempo del noviazgo ellos pueden ver banderas rojas y ver cualquier cosa que tú no veas.

5. **¿Tienes paz sobre la relación?** Rebeca, su familia y el sirviente tenían paz. Isaac no dudó. No confíes únicamente en las emociones. Recuerda que el Espíritu Santo puede darte una inquietud. Si estás orando y sientes inquietud, recuerda que Dios no es un Dios de confusión. Si el chico no está siendo claro exige claridad. Isaac no jugó con Rebeca. Una vez que la conoció la convirtió en su esposa. Inmediatamente, reconoció su valor.

6. **¿Tus padres o tus seres queridos bendicen la relación?** Vemos esto cuando la familia de Rebeca la bendice para que vaya a conocer a Isaac. La situación puede ser un poco diferente si tus padres no comparten la mentalidad de Dios para bendecirte. Elige la sabiduría y busca ancianos a tu alrededor que puedan ayudarte a evaluar la relación.

7. **¿El chico te atrae físicamente?** Escúchame. No digo que la atracción física sea el aspecto más importante. La Biblia nos dice que *"la belleza es engañosa, y hueca la hermosura, pero la mujer que teme al Señor será alabada"* (Proverbios 31:30). También creo que es importante sentirte atraída a la persona de alguna manera. O eso sucederá instantáneamente, o crecerá en ti. La Biblia nos dice que Rebeca fue hermosa y que se desmontó de su camello cuando vio a Isaac mostrándole respeto. Ven conmigo y estira esto un poco más lejos. Me gusta pensar que esta reacción también se debió a lo atractivo que era Isaac, aunque nunca lo sabremos hasta que lleguemos al cielo. Quiero dejar algo claro. No creas que Dios te hará casarte con alguien que no te atrae. El amado, Jesús, es intencional y específico. Así que no te conformes.

Oración final

Padre, gracias por el regalo del matrimonio que tienes guardado para mí. Yo oro para que comiences a revelar tu imagen del matrimonio y comiences a moldear mi corazón para estar lista. Yo levanto a mi futuro esposo en oración, Señor. Oro para que esté plantado y cimentado en amor y en tu Palabra. Declaro que es un poderoso hombre de Dios que es física y mentalmente puro. Gracias por protegerlo y eliminar cualquier distracción de su vida. Gracias, Dios, por ese tiempo escogido de conocernos. Declaro que ningún plan del enemigo frustrará el tiempo perfecto. Amen.

Conclusión

Hemos llegado al final de este libro y espero que a estas alturas hayas encontrado formas en las que puedas ser amiga del Espíritu Santo para disfrutar y maximizar tu temporada de soltería. Aunque te animo a trabajar en todas las áreas que cubrí en este libro, no quiero que compares el tiempo de Dios con una lista por revisar. Amiga, tu esposo no es una recompensa por tu comportamiento, tu esfuerzo o lo bien que apruebas estos puntos. La Biblia dice que los caminos de Dios son más altos que los nuestros. Dice que Dios no tarda en cumplir sus promesas, pero es paciente para que nadie perezca. ¿Qué significa esto? Él está organizando todo detrás de las cámaras para su *debido tiempo*. Dios es un buen Padre y se deleita en cumplir las promesas que te ha hecho. Al final, Él sabe cuándo estarás lista. Él no está tratando de engañarte o hacerte luchar por cosas. ¿Aceptarías su invitación de descansar en Él? No estoy diciendo que tomar medidas para mejorar y prepararse sea una mala idea, pero, hazlo desde una postura de confianza, descanso y paciencia. Dios te protege. Oro para que Dios te encuentre donde estás e imparta gozo, paz y satisfacción durante esta temporada.

Con amor,

Janelle

Agradecimientos

Nunca en la vida pensé escribir un libro. Quiero agradecer a Dios por usarme como recipiente para empoderar a las mujeres y animarlas en su temporada de soltería. Este libro es una prueba de que Él utiliza todo para nuestro bien y no desperdicia nada. Mamá, gracias por mostrarme una relación con Jesús, por entregarle todo a Él y por ser un ejemplo de cómo ser obediente a Dios. Papá, Andrés, Nicolle, gracias por apoyarme siempre.

Carolina, Kayla, Rachel, Gaby y Cari: gracias por animarme siempre en las buenas y malas de cada temporada. Gracias por motivarme y no renunciar a mi visión. Las quiero. También, un agradecimiento especial a la diseñadora gráfica y experta, Carolina Caicedo, quien tomó la foto. Para obtener mas información visite su página de Internet: www.carolinacaicedo.com.

Gracias a *Lucid Books* por creer en este libro. Hubiera sido imposible sin ustedes. Finalmente, gracias a Michael McIntyre y al equipo por recordarme quién soy en Cristo y desafiarme a vivir la vida que Él ha destinado para mí. Para obtener más información sobre sus capacitaciones que de seguro cambiarán su vida, y comenzar a vivir la vida que Dios planeó para usted, visite: www.michaelpmcintyre.com/nextlevel.

www.ingramcontent.com/pod-product-compliance
Lightning Source LLC
Chambersburg PA
CBHW070323100426
42743CB00011B/2536